八桂壮乡承雨露
奋楫笃行践初心

——广西推进"雨露计划+"就业促进行动案例精选

广西壮族自治区乡村振兴局　编

重庆大学出版社

图书在版编目(CIP)数据

八桂壮乡承雨露　奋楫笃行践初心:广西推进"雨
露计划+"就业促进行动案例精选/广西壮族自治区乡村
振兴局编. --重庆:重庆大学出版社,2024.5
ISBN 978-7-5689-4500-4

Ⅰ.①八… Ⅱ.①广… Ⅲ.①劳动就业—研究—广西
Ⅳ.①D669.2

中国国家版本馆 CIP 数据核字(2024)第 097411 号

八桂壮乡承雨露　奋楫笃行践初心
——广西推进"雨露计划+"就业促进行动案例精选
BAGUI ZHUANGXIANG CHENGYULU　FENJI DUXING JIANCHUXIN

广西壮族自治区乡村振兴局　编
策划编辑:尚东亮
责任编辑:尚东亮　版式设计:尚东亮
责任校对:谢　芳　责任印制:张　策

*

重庆大学出版社出版发行
出版人:陈晓阳
社址:重庆市沙坪坝区大学城西路 21 号
邮编:401331
电话:(023) 88617190　88617185(中小学)
传真:(023) 88617186　88617166
网址:http://www.cqup.com.cn
邮箱:fxk@cqup.com.cn(营销中心)
全国新华书店经销
重庆升光电力印务有限公司印刷

*

开本:720mm×1020mm　1/16　印张:13.75　字数:203 千
2024 年 5 月第 1 版　　2024 年 5 月第 1 次印刷
ISBN 978-7-5689-4500-4　定价:68.00 元

编委会

主　编　黄智宇

副主编　吴朝晖　邓妙宏　钟　泓

编　委　钟　燕　叶开杏　吴朝霞　林辕
　　　　罗建华　韦师飞

序　言

"雨露计划"是新时代背景下,贯彻中央脱贫攻坚决策部署,改革创新教育扶贫机制的重要举措。"授人以鱼,不如授人以渔",在脱贫攻坚战期间,国家对建档立卡贫困户的子女实施"雨露计划",通过教育扶持、引导和技能培训,增强其就业和创业能力,加快贫困家庭脱贫致富,为全面打赢脱贫攻坚战作出了重要贡献。

随着脱贫攻坚迈向乡村振兴的新阶段,"雨露计划"也进入"后半篇文章"。2022年6月,国家乡村振兴局、教育部、人力资源和社会保障部共同实施"雨露计划+"就业促进行动,是提高脱贫家庭新成长劳动力技术技能水平、促进实现更加充分和更高质量就业的有效途径,为脱贫家庭实现就业增收、巩固拓展脱贫攻坚成果打下了坚实基础,为扩大乡村人才供给、促进乡村全面振兴提供了有力支撑。

八桂壮乡承雨露,奋楫笃行践初心。近年来,广西壮族自治区乡村振兴局认真贯彻落实国家乡村振兴局的部署,按照国家乡村振兴局、教育部、人力资源和社会保障部印发的《"雨露计划+"就业促进行动实施方案》,全力推进"雨露计划+"就业促进行动。持续开展动态摸排,夯实精准帮扶基础;全面落实应补尽补政策,引导接受职业教育;发挥职教就业联盟作用,搭建高质量就业平台;举办专场招聘活动,提升一站式就业帮扶成效;创新实施乡村振兴村级协理员专项计划,拓宽就业渠道。通过采取有效措施引导更多的脱贫家庭(含防止返贫监测对象家庭)新成长劳动力接受中、高等职业学历教育,提升职业素质,帮助雨露计划毕业生实现更加充分、更高质量的就业,巩固拓展技能脱贫成果,为全面推进乡村振兴提供人才支撑。"雨露计划+"就业促进行动实现了良好开局,巩固了脱贫攻坚成果。

为更好地展示、宣传、推介广西推进"雨露计划+"就业促进行动的实践探索新思路、新模式，总结广西开展"雨露计划+"就业促进行动的经验做法，广西壮族自治区乡村振兴局在全区范围内组织开展了"雨露计划+"典型案例征集工作，并从中精选案例集结编印《八桂壮乡承雨露 奋楫笃行践初心——广西推进"雨露计划+"就业促进行动案例精选》。全书精选了 50 个案例，分为两个部分共五章，其中，第一部分为地市县区实施"雨露计划+"经验分享篇：多措并举推动"雨露计划+"、技能培训保障就业、搭建平台促进就业，丰富的内容、翔实的材料，展示了广西各地市开展"雨露计划+"扎实有效的措施；第二部分为寒门学子受助"雨露计划+"奉献社会篇："雨露计划+"搭建就业直通车、"雨露计划+"反哺乡村促振兴，真实的案例、生动的故事，展现了寒门学子"承雨露""践初心"的感人画面。

本书的出版将为全区乃至全国推进"雨露计划+"工作提供可资借鉴的样本。下一步，广西将用好用足政策，充分发挥粤桂协作机制作用，依托粤桂高质量职教就业联盟，持续推进"雨露计划+"就业促进行动，引导更多脱贫家庭新成长劳动力接受职业教育，提升技能素质，帮助实现更加充分、更高质量的就业，助力家庭持续稳定增收。

广西壮族自治区乡村振兴局

2023 年 8 月 23 日

目　录

第一部分

地市县区实施"雨露计划+"
经验分享篇

第一章　多措并举推动"雨露计划+"

助学业　稳就业　保增收，促进行动生根发芽

——南宁市上林县实施"雨露计划+"就业促进行动案例

【摘要】

为进一步巩固拓展脱贫攻坚成果、全面推进乡村振兴，国家乡村振兴局、教育部、人力资源和社会保障部共同启动"雨露计划+"就业促进行动，加大"雨露计划+"就业促进行动的工作力度，营造"劳动光荣、技能增收"的社会氛围，南宁市上林县多措并举，积极引导脱贫家庭和监测对象家庭劳动力就读中、高等职业院校（含技工院校，下同），提升技能素质，实现更加充分、更高质量的就业，落实雨露计划毕业生就业帮扶，巩固脱贫成果，推进乡村振兴。

一、案例背景

为进一步巩固拓展脱贫攻坚成果、全面推进乡村振兴，国家乡村振兴局、教育部、人力资源和社会保障部共同启动"雨露计划+"就业促进行动，升级续写"雨露计划"的"后半篇"文章，组织开展从教育培训到促进就业的全链条、一体式帮扶，这是深入贯彻落实习近平总书记关于"三农"工作重要论述的实际举措，是提高脱贫家庭新成长劳动力技术技能水平、促进实现更加充分和更高质量就业的有效途径，必将为巩固拓展脱贫攻坚成果、推进乡村全面振兴注入新

的动力。根据自治区、南宁市及上林县委、县政府关于开展雨露计划毕业生就业帮扶的工作要求，上林县高度重视，始终秉承以提高贫困（脱贫）群众技能为中心的理念，以转移就业为根本，以促进就业致富为目标，核实毕业生清单信息，核对就业状况，将对未就业的毕业生的就业帮扶工作作为重要任务，开展"一对一"实名帮扶，落实职业指导、培训项目推荐、岗位推送等就业帮扶，帮助"雨露计划"毕业生实现就业。

二、主要做法

（一）摸清底数，建立雨露计划毕业生档案，做到动态管理

南宁市上林县利用一线帮扶干部的力量配合上林县乡村振兴局、教育局等部门，摸清脱贫家庭新成长劳动力的底数，掌握脱贫家庭新成长劳动力入读职业院校意愿、雨露计划在读学生底数、即将毕业的雨露计划学生就业意愿和已毕业的雨露计划学生就业意愿等情况，建立台账清单，做到实时跟进、研判分析、动态管理。上林县乡村振兴局、教育局、人力资源和社会保障局及时交换数据，做到学生就读、就业信息共享。2022 年上林县雨露计划毕业生 1 464 人，已实现就业 1 061 人，未实现就业 403 人（其中，继续升学 325 人，参军 20 人，因备考公考、照顾家庭等原因无务工意愿 58 人）。

（二）发送短信推荐就业岗位

上林县与移动公司签订协议，提供雨露计划毕业生的联系方式，指定短信发放内容，通过手机短信的方式向雨露计划毕业生推荐比亚迪、农夫山泉等招聘信息，并推送"上林人社"公众号，让雨露计划毕业生关注公众号，随时获得岗位更新信息。2021 年以来上林县累计发送短信息 6 000 多条，通过公众号发布网络招聘信息 100 多期。

（三）一对一电话帮扶

分配责任，落实到人，安排工作人员分工对未就业的雨露计划毕业生逐个电话沟通对接，了解其就业情况及就业意愿，对未就业人员推荐就业岗位，促进转移就业，累计电话对接 1 000 多人次。

（四）帮扶干部入户帮扶

帮扶干部入户跟踪帮扶，了解雨露计划毕业生的就业状态、收入情况等相关信息，对失业状态的毕业生开展面对面的职业指导、培训项目推荐及就业岗位推荐，并对帮扶情况进行详细记录，以便后期进行分析跟进，努力帮助未就业的雨露计划毕业生实现就业。

图 1　2023 年 2 月"雨露计划+"工作小组入户开展就业帮扶工作

（五）开展线上线下招聘活动，推荐就业岗位

2021 年以来，上林县共组织举办"就业援助月""春风行动"线上线下专场招聘会 116 场，共 796 家企业参加，累计推送优质就业岗位 4 万多个，求职应聘和政策咨询 5 万多人，切实为企业招工和雨露计划毕业生求职搭建了平台。

图 2　2023 年 2 月"雨露计划+"工作小组入户开展就业帮扶工作

图 3　2023 年 3 月"雨露计划+"工作小组协同驻村工作队入户走访了解学生就读情况

三、取得成效

　　"雨露计划"作为为脱贫家庭量身打造的职业技能提升计划,帮助了一大批脱贫家庭新生劳动力实现校园梦。2021 年以来,南宁市上林县"雨露计划"累计惠及 5 437 个脱贫家庭,共计 6 089 名学生,拨付资金 2 116.38 万元,2022 年雨露计划毕业生 1 464 人,有就业意愿且已实现就业的有 1 061 人,就业率达 100%。

四、经验体会

　　脱贫攻坚期间,雨露计划作为一项为脱贫家庭量身打造的职业技能提升计划,给脱贫家庭新成长劳动力接受中、高等职业教育创造了条件,为带动脱贫人口全面打赢脱贫攻坚战发挥了积极的作用。"雨露计划+"就业促进行动实施,是对以前政策的巩固和延续,将帮扶对象由脱贫家庭扩展到了脱贫家庭和防止返贫监测对象家庭,将支持范围由职业教育环节延伸到了就业帮扶环节,行动的定位、内涵、性质都有了新变化、新发展、新提升。南宁市上林县将继续组织开展公共就业服务专项活动、举办线上线下招聘会、发布网络招聘信息、推送就业岗位以及鼓励毕业生自主参加职业技能培训，为企业招工和雨露计划毕业生求职搭建平台、宣传就业创业政策，真正促进雨露计划毕业生就业创业，从而实现稳定增收。

多举措扎实开展"雨露计划"，助力乡村振兴

——梧州市蒙山县实施"雨露计划+"就业促进行动案例

【摘要】

2022年以来,梧州市蒙山县全面贯彻实施"雨露计划+"就业促进行动,通过引导学生接受教育,提升技能素质,持续推进雨露计划,从解决学子后顾之忧到多元化就业帮扶,促进雨露计划毕业生就业和提高收入,为巩固拓展脱贫攻坚成果、全面推进乡村振兴提供更有力的人才支撑。

一、案例背景

"雨露计划"作为教育扶贫政策之一,在精准扶贫中发挥了关键的作用。梧州市蒙山县通过实施"雨露计划+"就业促进行动,引导更多的脱贫家庭(含防止返贫监测对象家庭,下同)新成长劳动力接受职业学历教育,提升职业技能水平和就业竞争力,帮助雨露计划毕业生实现更加充分、更高质量的就业,促进脱贫人口收入持续增长,对巩固拓展脱贫攻坚成果同乡村振兴有效衔接意义重大。

二、主要做法

（一）持续推进雨露计划，解决学子后顾之忧

1. 加大宣传力度,确保政策家喻户晓

梧州市蒙山县每年有计划、有组织地开展雨露计划政策宣传月活动,到辖区内所有的初级中学、高级中学以及中职等学校召开雨露计划政策宣讲会、张贴宣传板报、发放宣传单等,通过梧州市蒙山县电视台、"蒙山融媒"、村级"智慧党建"微信公众号等媒体和圩日集中等形式宣传政策,并发挥村"两委"干部、驻村第一书记、工作队员和帮扶联系人等作用,鼓励和引导学生接受教育,并进村

入户有针对性地进行政策宣传和解读。2022 年雨露计划政策宣传月活动共印发宣传资料 12 000 份,制作和张贴宣传板报 9 份,切实增加了雨露计划宣传覆盖面,让更多的脱贫家庭知晓雨露计划补助政策。

2. 主动对接提前抓,确保政策落实到位

在系统学籍名单标注前,梧州市蒙山县乡村振兴局主动对接教育部门,在初中、高中毕业生花名册和中专在校生花名册中进行筛选,将筛选出的脱贫家庭学生名单与上学期享受补助的学生名单提前发到各乡(镇),组织村"两委"干部、驻村第一书记、工作队员和帮扶联系人入户进行排查摸底,逐一核准学生接受教育情况,为符合条件的学生出具在校就读确认书,确保雨露计划精准补助、应补尽补政策落到实处。

3. 常态化摸底排查,跟踪学子就业情况

核实雨露计划学生毕业、就业相关情况,形成清单;并且,每月常态化跟踪监测,及时掌握雨露计划毕业生的就业情况,实现数据动态更新。2022 年雨露计划毕业生 286 人,其中 199 人已就业,3 人参军,80 人升学,2 人无就业意愿,2 人有就业意愿未就业。

(二)多元化就业帮扶,照亮学子人生路

1. 强化就业服务,多渠道促进就业

一是通过举办专场招聘会、线上发布企业用工信息、帮扶联系人一对一精准推荐岗位信息等多渠道、多形式为雨露计划毕业生求职择业提供就业帮扶;二是加强线上线下零工市场建设,增加非全日制学生家门口就业机会。目前,蒙山县已有零工市场 5 家,其中 2023 年新建设零工市场 4 家,同时加大对线上零工市场的宣传力度,为灵活就业提供更优质、高效的服务。2022 年,蒙山县通过举办企业用工招聘会、建设零工市场、帮扶联系人一对一推荐就业岗位等多渠道、多形式开展就业帮扶,促进未就业雨露计划毕业生就业,累计开展线下企业用工招聘会 62 场,线上发布企业招工信息 16 期,推送县内外企业岗位信息 5 万多条,建设零工市场 1 家,累计发布灵活就业岗位 5 000 个;2023 年,蒙山县

实施"就业暖心·桂在行动"专项服务活动,开展"春风行动暨就业援助月"企业用工招聘会,加大岗位信息发布、线上线下招聘活动、"点对点"送工服务、职业技能培训等工作力度,加强与广东、梧州市及邻县的劳务协作,促进转移就业。第一季度,蒙山县累计举办企业用工现场招聘会24场;线上发布岗位信息10期,共计2.3万个岗位;开展点对点送工服务9次;送工入企业选岗应聘317人,其中脱贫劳动力41人;开展职业技能培训212人,其中脱贫劳动力24人。

2. 认定就业见习基地,鼓励参加就业见习

将暂时未有合适就业岗位的雨露计划毕业生推荐到蒙山县人力资源和社会保障局就业见习基地参加就业见习。2022年以来,蒙山县通过鼓励企事业单位、社会组织增设就业岗位,认定就业见习基地,吸纳未就业的雨露计划毕业生参加就业见习。截至目前,蒙山县一共认定就业见习基地15家,提供就业见习岗位120个,2022年以来累计吸纳就业见习人员57人次,目前就业见习人员在岗46人,其中雨露计划毕业生13人,为雨露计划毕业生提供见习机会的同时,也帮助他们提升劳动技能。

3. 持续做好实名制就业帮扶台账

对有就业意愿的未就业人员精准提供职业指导、岗位推送和职业技能培训等帮扶措施。蒙山县围绕"八桂系列"劳务品牌、地方特色劳务品牌、重点项目及区内外急需紧缺工种,结合零工市场、就业帮扶车间及市场用工需求,开展"订单式"培训,实施"定向式"培养,推进就业人员与用工需求有效对接,推动实现更高质量的就业。截至2023年3月底,梧州市蒙山县已开展技能培训5期,培训城乡劳动者212人。

4. 落实就业创业政策,稳定就业规模

一是积极落实企业新增岗位社会保险补贴、吸纳重点群体就业社会保险补贴、带动就业补贴、国家创业担保贷款等政策,支持市场主体稳岗扩岗、支持就业创业。2023年第一季度,蒙山县发放企业新增岗位社会保险补贴3家,共计15.18万元,审核发放国家创业担保贷款19笔共400万元,推动"青穗贷"等政

策落实,共帮助 11 家企业申请"青穗贷",缓解农村青年创业资金压力。二是推动就业帮扶车间提质增效,保持就业帮扶车间数量和吸纳脱贫人口就业规模稳定,不低于 2020 年年底水平。三是组织实施乡村振兴村级协理员专项计划,引导高校毕业生服务乡村振兴,2023 年第一季度,蒙山县已经向上级申报 84 名乡村振兴村级协理员,待上级审批。

图 1　蒙山县中等专业学校学生在观看雨露计划政策宣传板报

图 2　2023 年 5 月 10 日蒙山县乡村振兴局联合教育局到西河中学宣传雨露计划政策

图 3　2023 年 5 月 23 日蒙山县新圩镇貌仪村驻村队员雷振强到陆明强家宣传雨露计划政策

三、取得成效

蒙山县 2022 年雨露计划职业学历教育补助 1 961 人,补助金额共计 254.025 万元,人数上比 2021 年增加了 220 人,金额上比 2021 年增加 27.6 万元。蒙山县通过鼓励企事业单位、社会组织增设就业岗位,认定就业见习基地,吸纳未就业的雨露计划毕业生参加就业见习,现有就业帮扶车间 22 家,吸纳就业 1 985 人,其中脱贫人口 285 人,超过了 2020 年基本水平。

四、经验体会

"雨露计划"作为资助脱贫家庭新成长劳动力接受职业教育的专项措施,其毕业生更是兼具脱贫劳动力和应届毕业生的双重身份,就业情况受到了社会广泛的关注。同时,雨露计划毕业生的就业对带动脱贫家庭增收有直接促进作用。因此,蒙山县将充分发挥好乡村振兴局、教育局、人力资源和社会保障局的优势,加强协同配合,进一步将"雨露计划"的支持范围由职业教育环节延伸到就业帮扶环节,为脱贫家庭新成长劳动力提供就业帮扶,让"雨露计划"毕业生实现更充分、更高质量的就业,为巩固拓展脱贫攻坚成果,全面推进乡村振兴提供更有力的人才支撑。

"扶教+扶技+扶志"推动"雨露计划+"走稳走深走实

——梧州市藤县实施"雨露计划+"就业促进行动案例

【摘要】

梧州市藤县将"雨露计划+"就业促进行动作为有机融合"教育帮扶"和"就业帮扶"的重要抓手,通过精准摸排和监测雨露计划补助对象、大力落实职业技能培训、搭建就业桥梁、成功典型案例推广等方式,有效解决本县毕业生就业能力不高、就业率不高等巩固脱贫成果难的问题,推动雨露计划实现"应补尽补",巩固提升教育保障成果,实现雨露计划毕业生就业率稳定提升、转变"等靠要"落后想法,从而助推本地经济健康发展、乡村振兴战略高效实施。

一、案例背景

在落实"雨露计划+"就业促进行动的初期阶段,梧州市藤县仅局限于落实上级的政策文件,未能结合本县贫困人口基数大、部分群众思想固化、"等靠要"思想严重、毕业生就业能力不高等现实痛点、难点,针对性地落实工作措施,从而导致本县的"雨露计划+"就业促进行动在贯彻中无法走深、走实,效果达不到预期,例如"教育帮扶"和"就业帮扶"融合推进困难、毕业生就业率提高受限等。因此,针对这一情况,梧州市藤县要因时、因地、因人制宜,以现实问题为导向,积极探索"雨露计划+"藤县模式,打破困难毕业生就业困境,有效阻断贫困代际传递。

二、主要做法

梧州市藤县主要通过前期精准摸排补助对象、中期全程跟踪监测、后期强力跟踪扶持的全阶段跟进方式,从而保障困难家庭在教育、就业、思想上得到全方位的有效帮扶,全力推动"雨露计划+"就业促进行动走稳、走深、走实。

（一）精准摸排监测，后续跟踪扶持

梧州市藤县依托乡村振兴局、教育局、学校,充分发挥镇村干部、驻村工作队、帮扶联系人的力量,线上通过政府网站、微信公众号、微信交流群多方推送政策宣讲,全面拓宽雨露计划政策宣传覆盖面;线下通过进校面对面宣传、到村网格式宣讲、入户一对一讲解等方式,提高群众对雨露计划政策的知晓率。2022年藤县开展雨露计划政策宣讲会83场,入户发放补助政策宣传单31 000多份,同时利用防返贫监测系统平台,全面摸清、动态监测、实时更新全县脱贫家庭在读学生、新成长劳动力、毕业生就业意愿等情况,形成信息清单,做到县镇村三级信息数据共建共享共用,精准锁定雨露计划扶持对象,确保"应补尽补、不漏一人",针对雨露计划毕业生尤其是未就业的毕业生,凝聚藤县乡村振兴局、人力资源和社会保障局、教育局等部门形成合力,积极落实"251"就业帮扶措施,做好雨露计划"后半篇文章",实现教育帮扶和就业帮扶精准对接。

（二）搭建培训平台，创造就业机会

坚持就业导向,做好雨露计划学生技能提升工作。藤县积极搭建校企合作、对接平台,采用"政府引导输送生源、学校定向培养、企业保障用工"的方式鼓励重点企业同梧州市藤县中等专业学校等本地职校及县外的院校等共建公共实训基地、共设专业、合办订单班和委培班,开展职业技能培训,共同提升毕业生稳岗技能培训,培养适合企业需求的高素质产业人才,畅通"校门"到"厂门"的绿色通道,同时有针对性地畅通雨露计划毕业生的就业渠道,启动"雨露计划+"就业促进行动招聘活动,根据雨露计划毕业生的专业信息,对企业提供的岗位信息进行初步筛选,实现人岗精准对接,加强对企业的用工监管,指导用工单位依法与劳务人员签订劳务合同,充分保障雨露计划毕业生的合法权益。

（三）注重典型宣传，营造社会氛围

在推进"雨露计划+"就业促进行动中,不仅要在"扶技"上狠下功夫,还要不遗余力做好"扶志"工作。藤县全面挖掘享受"雨露计划"政策脱贫家庭中成功就业创业的典型案例,通过专题宣讲、晚会展演、报道推送等方式,对成功案例进行宣传报道,让雨露计划补助对象从真人真事中感受到可以通过自身劳作和政策扶持改变命运、阻止贫困现象代际传递,从而彻底改变"等靠要"思想,在社会上形成"劳动光荣、技能增收"的良好氛围。

三、取得成效

在积极实施"雨露计划+"就业促进行动后,藤县在多方面都取得了显著成效。

(一)脱贫攻坚成果得到巩固提升

藤县积极实施雨露计划,做到应补尽补,全面杜绝因经济困难失学辍学的情况,2022 年度藤县雨露计划补助已发放 10 449 人次,发放补助资金 1 487.6 万元。

(二)雨露计划毕业生就业率得到有效提升

通过就业技能培训、就业平台搭建以及就业岗位精准推送等系列措施,藤县实现了毕业生从院校到岗位的精准对接。2022 年全县短期技能培训以奖代补发放 277 人,发放资金 20.816 万元,农村实用技术培训已开展 17 期,培训人数 1 225 人;2022 年全县雨露计划毕业生 1 644 人,已就业 1 013 人,升学 522 人,参军 16 人,就业率 94.34%;2022 年全县脱贫家庭高校本科毕业生 609 人,已就业 500 人,升学 72 人,参军 7 人,就业率 95.07%。

(三)部分群众"等靠要"的思想得到全面转变

藤县群众对"雨露计划+"就业促进行动等各项惠农政策的满意度大幅提升。

四、经验体会

"雨露计划+"就业促进行动是提高脱贫劳动力的自我发展能力、增强脱贫家庭收入的重要措施,是阻断贫困代际传递的重要途径,是落实精准帮扶的重要抓手,不仅可以帮助困难群众掌握职业技能、促进就业创业、持续增收致富,同时对促进农村劳动力转移、区域经济发展、乡村振兴都具有重要意义。在下一步工作中,梧州市藤县将继续加大雨露计划补助发放工作,持续巩固提升教育保障成果,同时针对雨露计划学生职业技能提升方面加大投入力度,创新培训模式,以市场需求、企业需求为导向拓展培训范围,根据本地特色产业发展需要,大力组织农村实用技能培训,提升补助对象的致富能力以及参与本地乡村振兴的综合素质。

积极拓展"雨露计划+"就业空间，多举措助脱贫家庭收入持续增长

——崇左市大新县实施"雨露计划+"就业促进行动案例

【摘要】

实施"雨露计划+"就业促进行动，是巩固拓展脱贫攻坚成果的有力举措，是促进实现脱贫家庭新成长劳动力更加充分和更高质量就业的有效途径。大新县坚持以"稳就业、保就业"为着力点，在全面摸清底数的基础上，建立数据台账和岗位需求清单，通过实施"留人计划"、推行校企"双千结对"等举措，引导未就业的"雨露计划"毕业生参加专场招聘会、就业推荐会，落实就业优惠政策，为脱贫学子提供各类就业纾困机会，实现精准帮扶就业。

一、案例背景

党的十九大以来，崇左市大新县发放雨露计划职业学历教育补助 2.14 万人次，共 3 125 万元，引导脱贫家庭新成长劳动力接受职业教育，开展"雨露教育+"就业行动，支持范围由职业教育环节延伸到就业帮扶环节，建立了 644 名毕业生台账，帮助毕业生实现有质量的就业，全县雨露计划毕业生有就业意愿的 100% 实现就业，使享受雨露计划支持的脱贫家庭的脱贫基础更扎实、脱贫质量更高。

二、主要做法

（一）多形式开展宣传，精准摸排学生信息，建立档案

崇左市大新县积极利用好乡（镇）干部、驻村工作队、帮扶联系人等基层干部的力量，形成工作合力，通过进村入户宣传、组织开展宣讲、QQ 群或微信群交

流等方式开展宣传政策的同时,同步摸清脱贫家庭新成长劳动力底数,掌握其入读职业院校的意愿;摸清雨露计划应届、往届毕业生的就业情况底数,掌握就业需求,做到"两摸清两掌握"。在全面摸清底数的基础上,建立全村数据台账,及时调整、动态管理,同时,建立岗位需求清单,主动做好对接,按照"一人一档"开展帮扶,对有就业需求的雨露计划毕业生,推送每季度重点企业最新用工信息,给有就业意愿的雨露计划毕业生,提供三个及三个以上的岗位选择,力争实现100%就业;对有创业意愿的雨露计划毕业生,提供政策咨询、创业培训等创业服务。另外,加强就业帮扶跟踪监测,及时掌握就业情况发生变化的雨露计划毕业生情况,及时对接提供帮扶服务,做到就业底数清、就业情况清。

（二）多渠道开发岗位,促进脱贫户毕业生就业创业

1.实施"留人计划"

大新县制定了《大新县"留人计划"支持大学毕业生和技能人才来新就业创业实施方案》《大新县2022年度驻崇高校"留人计划"工作实施方案》《大新县人才公寓管理暂行办法》等三份政策性文件和工作措施,使更多优秀驻崇院校毕业生来大新县就业、创业,为"留人工作"奠定基础,"留人计划"实施以来,共吸引了336名驻崇院校毕业生来大新县就业、创业。

2.收集招聘信息

利用粤桂东西部协作机制,收集当地招聘信息、积极与区内外大型企业沟通联系,了解企业用人需求以及收集县内适合高校毕业生的就业岗位,通过县、乡、村三级就业服务机构将招聘信息发布到村、屯、户,通过多渠道、多种手段为高校毕业生搜集和发布招聘信息653条,为高校毕业生提供就业岗位1 365个。

3.开展招聘活动

采取线上线下相结合的招聘方式,促进高校毕业生就业。如2022年3月,崇左市大新县采取网上推送岗位、网上报名、线上面试的方式招聘了64名中小学教师,在崇左市各县中开创了先河,效果明显;还通过线上掌上招聘会的形式参与崇左市举办的"留人计划"招聘会,用人单位与高校毕业生达成就业意向

432 人；开发实习见习岗位，积极动员符合见习条件的企业事业单位踊跃申报见习基地，经过申请、实地核验等环节，先后批复大新县民族高级中学、大新县中医院、明仕旅游有限责任公司、大新县人事劳动争议仲裁院、南方锰业集团大新分公司等 6 家企事业单位为大新县高校毕业生就业见习基地，每年可提供就业见习岗位 185 个。

4. 支持单位、企业与高校达成人才合作协议

大新县共有 6 家单位和企业与高校达成各项人才合作协议，可为高校毕业生提供实习岗位 460 个。并且，大新县积极落实就业优惠政策，鼓励高校毕业生到当地企业见习，对接纳高校毕业生到基地见习的企业按照每人每月 1 500 元的标准给予就业见习补贴，见习期满后继续留用的毕业生，还会提高就业见习补贴；支持有能力的高校毕业生进行自主创业，鼓励高校毕业生办理《就业创业证》，对持有《就业创业证》并需要创业的毕业生，一方面放宽创业担保贷款条件，另一方面协调相关部门给予创业的毕业生减免有关税费，对成功创业的毕业生给予 5 000～10 000 元的创业扶持补贴，落实大新县"留人计划"等 7 项优惠政策，用实际行动吸引高校毕业生来大新县就业创业。

（三）多方位就业服务，促进重点人群就业能力提升

1. 加大职业技能就业服务

大新县始终秉承以提高脱贫群众技能为中心的理念，以转移就业为根本，以促进就业致富为目标，利用人力资源平台优势将"雨露计划+"融入其中，利用平台大数据管理对接需求企业，融合平台优势加大就业服务。自党的十九大以来，大新县共计培训 38 686 人次，发放补贴 3 751.11 万元，其中职业学历教育补助 21 429 人次，补助金额 3 125.76 万元；本科学历教育补助 677 人次，补助金额 332.7 万元；短期技能培训以奖代补补助 2 925 人，补助金额 229.36 万元；农村实用技术培训补助 13 655 人，补助金额 63.29 万元。

2. 精准搭建供需平台

大新县开展"春风行动暨就业援助月""点对点送工入企"等品牌活动，为企业和脱贫劳动力、城市困难群体、进城农民工提供面对面交流平台,拓宽各类劳动力就业渠道。

3. 积极落实就业帮扶政策

2023 年以来,崇左市大新县为帮扶就业,推出了许多普惠性政策。促进就业,应为企业减轻经营负担,通过落实失业保险稳岗返还、社会保险补贴、创业担保贷款及贴息等政策,以看得见的红利激发企业的用人积极性,同时对解决脱贫家庭新成长劳动力就业问题表现突出的企业,要给予奖励,带动更多企业吸纳脱贫家庭新成长劳动力就业。

4. 推行校企"双千结对"

大新县深化产教融合,促进产业工人和技能人才充分高质量就业增收,推行转岗转业培训和技能提升培训;深入开展"双千结对"岗位技能培训,指导培训机构根据结对企业的培训需求,实施精准培训,提升职工岗位技能水平;搭建校企人才供需对接平台,健全产教融合、校企合作、职业教育东西部协作机制。

三、取得成效

截至目前,大新县已对 5 930 名学生开展摸排调查,形成了雨露计划在读学生清单、即将毕业的雨露计划学生就业意愿清单、已经毕业的雨露计划学生就业信息和就业意愿清单、2022 年普通高校本科学历教育毕业生就业信息和就业意愿清单四大清单。

促进就业方面,大新县共开展 26 场线上、线下招聘会,提供 1 万个涵盖多行业、多工种的就业岗位,如依托"零工超市"在德天广场设置"大新县新材料智造产业园招聘点",为企业招聘引流,目前已有 1 190 人在招聘点求职登记,为雨露计划毕业生提供更多就业岗位。

四、经验体会

建议各高校重视毕业生的实习和见习工作,适当延长实习和见习时间,在教授理论知识的同时，多开设动手实践的课程。建议区、市一级出台一些到基层就业的优惠政策，如在待遇、职称评聘、公开招考等方面向基层倾斜，在提高基层待遇的同时，职称评聘、公开招考要限制有基层工作经历。从中央、自治区一级加强对高校毕业生就业创业政策的宣传力度，在各高校开设就业辅导课，提高高校毕业生对就业政策的知晓率。

"授人以鱼，不如授人以渔"，人才振兴是全面推进乡村振兴的基础，无论是产业兴旺、生态宜居，还是乡风文明，都需要人才的支撑。今后，崇左市大新县仍会继续将"雨露计划+"作为一项基础性惠民工程来抓，积极引导脱贫家庭新成长劳动力接受中、高等职业院校和技术院校教育，持续促进"雨露计划"毕业生实现就业。通过对脱贫家庭中返乡的大学生开展技能培训，提供暑期实践岗位，关注脱贫家庭中新增长劳动力的就业率等，健全完善"雨露计划+"就业机制，确保就业促进行动取得积极成效。

多措并举推进"雨露计划+"助力高质量创业就业

——河池市凤山县实施"雨露计划+"就业促进行动案例

【摘要】

河池市凤山县大力抓好雨露计划政策落实,多措并举推进脱贫人口就业帮扶,有效提高雨露计划学生的就业率和就业质量,实现稳定就业一人、巩固脱贫成果一家,有效防止因就业困难或就业不稳导致的规模性返贫问题发生。

一、案例背景

凤山县位于广西的西北部,地处云贵高原南缘,境内多为山地,全县土地总面积260万亩,其中土山144万亩,石山116万亩,境内的石山区是广西面积最集中的连片的喀斯特地貌发育区,占凤山土地总面积44.7%。凤山县整个地域的地貌99.5%是峰丛洼地,岩石裸露,俗称"九分石头一分土",人均耕地只有1.1亩,耕地零星分散,难以发展规模种植,种植条件艰苦。凤山县地理位置偏僻,交通不便,自然环境恶劣,种植成本高,效益低,为增加农民收入,巩固脱贫攻坚成果,2016年以来,凤山县大力抓好雨露计划政策的落实,多措并举推进贫困人口就业帮扶,有效提高雨露计划学生的就业率和就业质量,实现稳定就业一人、巩固脱贫成果一家,有效防止因就业困难或就业不稳导致规模性返贫问题的发生。

二、主要做法

(一)深入推动"青创培训"行动

凤山县依托团中央"创青春云平台""领头雁""千乡万村好青年"等平台培养、服务创业青年;组织开展共青团青春招聘会、创业交流会、创业技能培训班等项目活动帮助就业、创业青年,举办就业创业技能、创业沙龙培训至少每年1场;打造"青年就业实习基地",每年至少为10名青年就业实习提供实际支持;开展"青春助农"行动,每年至少开展1次"三下乡""返家乡""河小青""林小青"等活动,引导更多青年参与乡村治理、乡村振兴,培养优质青年电商人才和主播,引导他们当好农特产品促销带头人和传播者,不断拓宽河池市凤山县农特产品品牌市场空间,形成消费带动发展的产业链条。

(二)落实就业创业扶持政策

1. 落实创业补贴政策

鼓励贫困家庭高校毕业生到凤山县自主创业,对符合条件并稳定创业满一年的毕业生给予一次性创业补贴、场租补贴、社会保险补贴以及税收优惠等;对稳定创业一年以上的贫困家庭高校毕业生给予的一次性创业补贴从4 000元提高至12 000元,场租补贴从每月300元提高至每月2 000元。凤山县鼓励贫困家庭高校毕业生通过创业带动就业,3年内免收各项税款。

2. 扎实落实国家政策

扩大"一村一名大学生计划""三支一扶计划""大学生村医计划""西部计划"等政策规模,积极引导并鼓励脱贫家庭大学生到农村基层工作。

3. 放宽国家公职人员招考条件

针对脱贫家庭的高校毕业生,凤山县每年公务员招录、事业单位公开招聘和特招时拿出一定数量的职位,并放开招聘条件,尽量不限制专业,面向脱贫家庭高校毕业生进行招考,通过竞争择优解决部分脱贫家庭的高校毕业生就业,减轻就业压力;每年"三支一扶""西部计划"拿出部分职位面向脱贫家庭毕业生招考,降低招考条件,让脱贫家庭毕业生有更多机会参加考试实现就业。

4. 建立吸纳建档立卡贫困户子女高校毕业生就业激励机制

凤山县出台促进脱贫家庭高校毕业生就业的专项政策,民营企业和各类经济组织每吸纳1名脱贫家庭高校毕业生就业,并签订1年以上劳动合同和缴纳社会保险费的,给予一次性奖励3 000元。

（三）搭建就业创业平台

充分发挥凤山县人力资源和社会保障局的就业创业信息优势,积极为脱贫家庭高校毕业生搭建就业创业的中介桥梁,对收集到的区内外优质用工企业岗位,优先向脱贫家庭高校毕业生推荐,对先进创业典型、创业人物和优质创业项目,优先向脱贫家庭高校毕业生搭建交流平台,引导帮助他们找到创业带头人,提高他们的创业信心和成功率,充分发挥人社就业系统的资源优势,及时共享区内外优质用工企事业单位岗位信息,优先推荐脱贫家庭大学生就业。

三、取得成效

据统计,2016—2022 年,河池市凤山县建档立卡贫困家庭子女大学毕业生有 3 346 人,已实现就业的有 3 305 人,就业率为 98.77%,未就业 41 人,未就业率为 1.23%。2022 年,全县脱贫人口大学生创业就业收入达 1.65 亿元,成为脱贫家庭稳定增收的主力军。

四、经验体会

（一）加强宣传引导

通过各种途径和方式帮助贫困家庭高校毕业生树立正确的就业观。消除自卑心理,树立主动、积极进取的就业竞争观,抛弃虚荣浮躁思想,发扬艰苦奋斗精神,树立脚踏实地的爱岗敬业观;妥善处理好个人与家庭、待遇与发展、就业与创业的关系,形成科学的职业选择观。贫困家庭高校毕业生还要敢于面向基层、面向边远地区,脚踏实地做好先就业后择业,对有创业意愿和创业项目的贫困家庭高校毕业生,积极鼓励并帮助他们通过创业带动就业。

（二）强化职业技能培训

凤山县结合职业技能培训和创业培训,积极鼓励引导贫困家庭高校毕业生结合自身的就业创业需求参加培训,通过培训,切实提高他们的就业创业能力,让他们真正地掌握一门应用性技能技术,能够走上工作岗位,改变自己命运,直至带动家庭脱贫致富。

(三)加强职业能力培养

贫困家庭高校毕业生的综合素质和能力的提高,是他们在就业竞争取胜的基础和前提,也是贫困家庭高校毕业生就业工作的着眼点。要开设和完善就业指导,开展形式多样的咨询、培训和模拟双选活动,帮助贫困家庭高校毕业生掌握有效的求职面试技巧;要以县级为单位,针对贫困家庭高校毕业生每年开设机关事业单位招考笔试和面试培训班,免费培训一个月,减轻贫困家庭高校毕业生培训负担,增强考试竞争力;注重职业技术资格和职业技能培养,提升贫困家庭高校毕业生的就业竞争力,现代企事业用人单位除了注重学生的在校学习成绩外,越来越重视学生的实践能力,例如语言表达能力、团队协作能力等;着力培养贫困家庭高校毕业生的自主意识和自立能力,增强就业自信心。

实行"四步工作法"相关举措，开创脱贫新局面

——贵港市覃塘区实施"雨露计划+"就业促进行动案例

【摘要】

贵港市覃塘区通过一系列相关举措，推进"雨露计划+"就业促进行动，具体包括：全面摸清底数，建立数据台账，精准推进脱贫家庭新成长劳动力稳岗就业，通过一系列相关举措，推进"雨露计划+"就业促进行动；搭建平台，促进就业帮扶，加强岗位收集，精准组织线上线下就业服务活动，拓宽脱贫劳动力就业创业渠道；强化培训，开展职业技能培训，实现应培尽培，持续提升脱贫新劳动力就业能力，全面促进脱贫家庭新成长劳动力实现稳岗就业，累计惠及3万脱贫家庭成长劳动力，开创脱贫劳动力稳岗就业工作的新局面。

一、案例背景

脱贫人口就业是提高脱贫人口收入、巩固脱贫攻坚成果的基本措施。近年来受多种因素的影响，脱贫人口稳岗就业压力明显加大、挑战明显增多，雨露计划毕业生每年新增规模较多，这些毕业生能否实现稳定就业，将直接影响脱贫人口的脱贫质量。为此，贵港市覃塘区通过开展"雨露计划+"就业促进行动，将帮扶对象由脱贫家庭扩展到了脱贫家庭和防止返贫监测对象家庭，将支持范围由职业教育环节延伸到了就业帮扶环节，通过开展从教育培训到促进就业的全链条、一体式帮扶，实现稳定就业一人、巩固脱贫成果一家，坚决防止因就业困难或就业不稳导致规模性返贫问题发生。

二、主要做法

（一）摸清底数，做到动态管理

贵港市覃塘区乡村振兴局、人力资源和社会保障局、教育局"三联动"，通过

实地走访、调查摸排、数据比对等形式,摸清脱贫家庭新成长劳动力底数、雨露计划应届和往届毕业生就业情况底数等"5 个底数",建立健全"5 张清单",做到实时跟进、研判分析、动态管理。2022 年共摸排出覃塘区脱贫家庭(含监测对象)新成长劳动力 1 358 人,其中,487 人有入读职业技术学校、技工学校意愿;雨露计划在读学生 1 532 人;2022 届雨露计划毕业生 437 人,其中已就业 339人,继续升学 88 人,参军 10 人;2020 届、2021 届毕业生共 806 人,其中已就业721 人,继续升学 67 人,服兵役 13 人;2022 届普通高校本科毕业生 332 人,其中已就业 307 人,继续升学 20 人,服兵役 5 人。

(二)搭建平台,促进就业帮扶

1. 搭建就业服务平台

覃塘区组织开展"春风行动暨就业援助月""就业暖心·桂在行动""覃塘区高校毕业生专场"等系列活动,在全区范围内组织开展定向招聘、专场招聘等校企对接就业帮扶活动,畅通雨露计划毕业生就业渠道,为雨露计划毕业生等提供更多适合的就业岗位。2023 年春季覃塘区共收集了 5 881 多个就业岗位,组织开展了 16 场线下招聘会,达成意向 746 人。

2. 搭建创业带动平台

加强见习基地、创业孵化基地、农民工创业园等平台建设,鼓励引导高校毕业生等群体投身创业、带动就业。2022 年以来,覃塘区累计认定就业见习基地46 家,接收高校毕业生见习生 200 多名,发放就业见习补贴 108.76 万元,为高校毕业生见习提供了充足的平台;认定创业孵化基地 1 家,孵化企业 27 个,带动就业 42 人;农民工创业园入驻企业吸纳就业 500 多人。

3. 搭建精准服务平台

对有就业意愿但未就业的雨露计划毕业生采取"一对一"跟踪服务措施,根据专业方向、个人需求有针对性地推送区内外的岗位信息,建立"251"台账,做到 2 次就业指导、5 次就业信息推送(1 次入户就业推荐)、1 次就业培训,促进雨露计划毕业生就业创业。2022 年,覃塘区已对 34 名有就业意愿但未就业的应届、往届雨露计划毕业生开展精准帮扶工作,促进 34 名应届、往届毕业生实现就业。

(三)强化培训,持续提升技能

整合覃塘区人力资源和社会保障局、农业农村局、乡村振兴局等部门的培训资源,结合用工企业岗位需求和劳动力转移就业意愿,依托职业培训机构,推行"订单式"专项职业技能培训模式,做到人岗相适应,实现培训与转移就业精准对接,全面摸清未就业毕业生技能培训需求,组织开展针对性强、实用性强的职业技能培训,科学、精准设置培训课程,更新培训内容,灵活设置培训方式,实现应培尽培,提升毕业生就业能力。2023 年以来,覃塘区重点围绕服务业、休闲旅游业、餐饮业等方面,针对性开设计算机、叉车驾驶、面包师、电商直播等课程,组织各类培训班 44 期,培训人数达 1 591 人,其中脱贫劳动力培训人数达到 100 人,切实提升毕业生就业技能水平及就业竞争力。

(四)加强宣传,持续政策支持

强化就业政策扶持,依托教育局、学校,组织驻村工作队、村"两委"干部、帮扶干部等,通过入户走访、网络媒体以及在各村(社区)公示公告栏、群众集中地张贴政策宣传资料等方式,广泛宣传雨露计划政策,全面引导和支持脱贫家庭新生劳动力积极参加短期技能培训,促进稳定就业;加大脱贫家庭劳动力转移就业和县内外务工就业的扶持力度,持续实施县域内劳务补助、跨省务工人员一次性交通补贴"两项"就业补助政策,强化企业、合作社、就业帮扶车间等市场经营主体吸纳脱贫劳动力就业奖补政策,促进雨露计划毕业生高质量、充分就业。

三、取得成效

2022 年以来,覃塘区多措并举推动"雨露计划+"就业促进行动,通过摸清底数、搭建帮扶平台、强化技能培训、落实帮扶政策等工作,推动"雨露计划+"就业促进行动走稳、走实、走深,取得了一定成效。2022 年覃塘区雨露计划毕业生 437 人,除参军、升学外,对有就业意愿但未就业的应往届雨露计划毕业生实施就业帮扶 34 人,目前 437 名有就业意愿的毕业生已达到百分百就业,促进了脱贫群众稳岗就业、持续增收。

四、经验体会

增加就业是最直接、最有效的增收方式,家庭劳动力稳定就业能带领家庭脱贫致富。要全面落实"雨露计划"政策,坚持把"雨露计划"补助政策作为巩固拓展脱贫攻坚成果同乡村振兴有效衔接的重要举措,多措并举扎实开展"雨露计划"补助摸排、申报、补助工作,以脱贫监测户家庭新成长劳动力为重点,利用多种信息平台,为有就业意愿的毕业生提供就业帮扶,增强脱贫监测家庭新成长劳动力的技能水平和就业竞争力,促进家庭工资性收入显著提高,实现一人长期就业、全家稳定脱贫的目标,守牢不发生规模性返贫底线。下一步,覃塘区将结合实际情况,继续发挥"雨露计划+""扶技、扶智、扶志"的作用,充分掌握就业需求,坚持精准就业帮扶,切实发挥教育帮扶的"造血"功效,为全面推进乡村振兴提供更有力的人才支撑。

多措并举提供人才保障，实现乡村振兴

——贵港市平南县实施"雨露计划+"就业促进行动案例

【摘要】

实施"雨露计划+"就业促进行动，是培养乡村振兴人才的重要举措，这些技能人才自强自立、艰苦创业，成为带领群众脱贫致富的能手，成为脱贫地区可持续发展的宝贵资源。为持续巩固脱贫攻坚与乡村振兴有效衔接，贵港市平南县积极贯彻落实党中央、自治区、贵港市及县委、县政府的决策部署，将就业扶贫工作摆在突出位置，不断扩大雨露计划宣传，通过技能培训、就业推荐、优化管理模式等多项举措，推动实施"雨露计划+"就业促进行动，助力乡村振兴，为全面实施乡村振兴战略提供人才保障。

一、案例背景

"雨露计划"作为一项为贫困家庭量身打造的职业技能提升计划，受到贵港市平南县的高度重视、全力落实。在脱贫攻坚期间，平南县累计帮助近 4 万名贫困人口脱贫，为全面打赢脱贫攻坚战奠定了基础。2022 年，平南县脱贫人口务工收入占比接近 80%，稳住岗位、实现就业、防止返贫致贫就有了坚实支撑。为此，"雨露计划+"就业促进行动，将帮扶对象由脱贫家庭扩展到了脱贫家庭和防止返贫监测对象家庭，将支持范围由职业教育环节延伸至就业帮扶环节。

二、主要做法

（一）广宣传，扩大政策知晓度

平南县坚持把"雨露计划"作为民生实事和巩固脱贫攻坚成果、助力乡村振兴的一项重要工作任务来抓，每年采取电视广播、召开"雨露计划"政策宣讲会、粘贴宣传海报、镇村干部和帮扶干部入户宣讲、发放宣传资料等措施,并利用微信群、QQ 群、发短信等多形式进行全方位的宣传推广,使"雨露计划"政策家喻户晓。2021 年以来,平南县累计发放宣传册 991 册、宣传单 66 300 份、宣传海报812 幅。

(二)严审核,确保补助对象精准

加强程序审核,精准识别对象。一方面,严格按程序进行初审,各行政村驻村干部、村干部等严格按照"雨露计划+"职业教育个人申请——村级审核的补助申报程序,认真开展初步审核;另一方面,严格按标准进行复审,对在校生的学籍、学生信息以及在校情况与系统中导出的信息进行精细化比对,符合标准条件的对象由乡镇具体工作人员再次进行复审把关,以确保对象精准识别到位,不错报,不漏报。2023 年以来,平南县已组织开展摸排核实、核准脱贫户和监测户学生在校就读情况,对符合条件的学生做到"应补尽补"。截至目前,平南县已收集春季雨露计划补助资料 3 664 份。

(三)优管理,线上线下齐发力

线上通过数字信息化管理,将全国就业监测管理信息系统与全国防返贫监测信息系统相融合,精准掌握脱贫家庭新成长劳动力底数、雨露计划在读学生底数,积极引导脱贫人口就读职业院校;掌握雨露计划毕业生就业状况,建立健全脱贫劳动力入读职业院校清单、雨露计划在读学生清单、雨露计划毕业学生去向清单,做到动态调整、动态管理;线下与平南县教育局、人力资源和社会保障局定期交换数据,实现信息共享共用,形成工作合力,对就业情况发生变化的雨露计划毕业生及时掌握情况,提供帮扶服务,做到就业底数清、就业情况清,共同推进"雨露计划+"就业促进行动。2022 年平南县新增毕业生(含本科及以上毕业)2 104 人,其中已实现就业 1 661 人,正常升学 338 人,25 人参军,就业率达 96.20%,剩余未就业人数已全部由县人力资源和社会保障局按照"一人一档""一人一策"开展重点帮扶,力争实现 100% 就业。

图1　工业园初中宣讲

图2　2023年平南县育婴员技能培训班

三、取得成效

近年来,贵港市平南县认真贯彻落实上级有关"雨露计划+"就业促进行动的部署要求,着力推进"雨露计划+"精准帮扶,促进雨露计划毕业生实现高质量就业,帮助脱贫家庭就业增收,实现稳定就业一人,巩固成果一家。

（一）搭建服务平台，促进稳定就业

平南县组织开展"就业援助月""春风行动"等一系列公共就业服务专项活动，持续做好就业帮扶工作。同时，创新招聘形式，通过线上、线下等多种方式开展招聘，为企业和求职者送服务、送政策、送岗位。2023年以来，平南县累计发放企业招聘手册、就业帮扶政策汇报、社保政策宣传手册等各类宣传资料12 700份；开展各类线上线下招聘活动8场，组织162家企业入场招聘，累计提供8 000多个优质就业岗位，达成就业意向人数2 000多人；现有1个自治区级农民工创业示范园，进驻企业27家，1个创业孵化基地，入孵企业23家。

（二）强化政策落实，及时发放补贴

根据"雨露计划"相关工作要求，平南县指导各乡镇（街道）摸排核实核准脱贫户和监测户学生在校就读情况，及时收集春季期"雨露计划"补助资料，对符合条件的学生做到"应补尽补"，做到"雨露计划"补助精准，确保不漏补不错补。2021年以来，平南县累计发放"雨露计划"学历教育补助20 375人次，发放补助资金2 876.97万元，帮助一批又一批的脱贫家庭新成长劳动力完成学业，走向就业岗位。

（三）强化技能培训，提升就业能力

平南县印发《平南县乡村振兴局2023—2025年农村实用技术培训实施方案》，全面提升脱贫群众职业技能和种养殖技术水平，促进脱贫劳动力就业和生产发展。2021年以来，平南县人力资源和社会保障局联合定点培训机构，已在各乡镇（街道）对16 838人展开就业技能培训，其中有1 951人符合"雨露计划"短期技能培训以奖代补政策，共发放补助127.775万元，由平南县乡村振兴局组织各乡镇（街道）开展农村实用技术培训963人，共发放补助4.815万元。

四、经验体会

"雨露计划"缓解了脱贫家庭学子的就学压力，提供了学生们学习专业技能的机会,让雨露计划毕业生实现更加充分、更高质量的就业,为巩固拓展技能脱贫成果、全面推进乡村振兴提供更有力的人才支撑。主要有以下启示:实施"雨露计划"要与职业学历教育结合,以培养技能型人才为目标,以"雨露计划+"就业促进行动为抓手,坚持需求导向,动员社会组织、企业等用工主体积极"供岗",结合雨露计划毕业生自身的就业需求,推动建设校企合作、多方参与共赢的就业平台,引导脱贫家庭新成长劳动力入读中、高等职院校(含技工院校),切实提升技能素质,才能实现更加充分、更高质量的就业,助推乡村人才振兴工作稳步发展。

第二章 技能培训保障就业

实施技能培训，助力稳岗就业

——桂林市平乐县实施"雨露计划+"就业促进行动案例

【摘要】

人无业不立，人无业不富，人无稳业不安，只要就业稳定、收入稳定，大家生活就有底气、有干劲。近年来桂林市平乐县坚持就业优先，以"雨露计划"为抓手，持续对农村脱贫家庭新成长劳动力实施"雨露计划"职业教育帮扶助学，借助学校、企业、就业创业培训中心等多方力量，创新开展"雨露计划+"就业促进行动，坚持把"雨露计划+"作为推动脱贫家庭新成长劳动力稳岗就业、助力乡村振兴的一项重要工作来抓，进一步升级续写"雨露计划"的"后半篇文章"，为脱贫家庭实现就业增收、巩固拓展脱贫攻坚成果打下坚实基础，助力乡村全面振兴。

一、案例背景

近年来，平乐县为全面落实教育惠民政策，减轻贫困家庭子女的就学压力，持续将"雨露计划"作为推动教育帮扶助学的重要工程，通过搭建多方帮扶平台等有力举措，落实政策补助，确保"雨露计划"项目全覆盖，促进脱贫户家庭不因学返贫,并通过引导和支持贫困家庭子女接受中、高等职业教育,培养技能型人才,促进稳定就业,实现增收致富。

二、主要做法

（一）摸清底数精准施策

平乐县全面摸清底数,建立工作台账,完善各类清单,切实做到脱贫家庭新成长劳动力职业教育底数清、就业需求底数清、就学状况底数清、就业意愿和实现情况底数清,实现了脱贫家庭新成长劳动力应学尽学、应补尽补、应扶尽扶。平乐县乡村振兴局、教育局、人力资源和社会保障局三部门制定印发了《平乐县"雨露计划+"就业促进行动实施方案》,积极引导脱贫家庭新成长劳动力入读职业院校,提升技能素质。同时,通过校企合作、举办现场招聘会等方式,为未就业的学生提供高质量的就业指导和良好的就业机会,积极协调搭建从"校门"到"厂门"的绿色通道,着力提升脱贫家庭新成长劳动力就业率,帮助"雨露计划"学生实现从"助学业"到"帮就业"的有效提升。2022年平乐县脱贫家庭初三、高三毕业生1 016人,摸排有254人有就读职业院校、技工院校的意愿;2022年平乐县春季在读的职业学历教育人数965人。

（二）持续雨露计划政策宣传，落实政策补助

1. 扎实开展了雨露计划政策宣传月活动

平乐县制定《平乐县开展过渡期"雨露计划"政策宣传月活动工作方案》,印发宣传单25 000多份,张贴"雨露计划"宣传板报159张,积极引导脱贫家庭劳动力入读中、高等职业院校(含技工院校),提升技能素质,实现更加充分、更高质量的就业。

2. 做好"雨露计划"政策补助,对符合补助对象应补尽补

(三)多方位、多渠道搭建就业帮扶平台

1. 开展就业招聘

平乐县教育局开展多次招聘活动,其中 3 次招聘面向大学专科毕业生(含"雨露计划"资助学生),2022 年 5—8 月面向社会招聘大学专科及以上学历的老师 124 人,9 月初,平乐县人力资源和社会保障局针对 2022 届大中专毕业生、就业困难人员、零就业家庭成员、残疾人等各类城乡求职人员,在平乐县清华园和各乡镇举办现场招聘会,招聘会进场重点企业 30 家,企业提供岗位约 3 000 个。通过举办现场招聘会,让雨露计划毕业生与企业建立面对面的沟通平台,开展"一对一"帮扶,力争实现 100% 就业。

2. 完善未就业实名台账,提升离校未就业毕业生就业服务质量

对未就业的雨露计划毕业生进行"一对一"实名帮扶,提供至少 2 次职业指导、推送 5 个针对性岗位、推荐 1 个以上培训项目,同时平乐县人力资源和社会保障局积极联系县内工业园区优质企业,通过深圳人才网、广西人才网、桂林人才网、平乐就业微信公众号等多方位、多渠道获取最新就业岗位信息,力争推荐的岗位能帮助未就业高校毕业生顺利实现就业。

3. 加强雨露计划毕业生就业帮扶跟踪监测

建立就业情况清单,实现数据动态更新,对就业情况发生变化的雨露计划毕业生及时掌握情况,提供帮扶服务,做到就业底数清、就业情况清。

(四)加大政策执行力度,将过渡期内脱贫人口各项帮扶政策落细落实落地

平乐县的教育局落实好学费减免、助学金、助学贷款等补助;人力资源和社会保障局落实好就业创业服务补助、社会保险补贴、交通费补贴等政策;乡村振兴局落实好雨露计划补助等政策,2022 年普通高中国家助学金项目共资助脱贫家庭学生 863 人,资助金额 118.4 万;普通高中免学杂费项目共资助脱贫家庭学生 863 人,资助金额 56.36 万;全县发放脱贫劳动力(含防止返贫监测对象)跨省就业 8 647 人,符合申请一次性往返交通补助 8 356 人,共发放补助金额

274.680 5万元;发放就业创业服务补助1家0.2万元;发放就业创业服务补助3家1.5万元;企业吸纳脱贫劳动力社会保险补贴79人次49.13万元。2022年春季学期,平乐县"雨露计划"符合补助的学生共965人,已发放金额134.7万元;秋季学期"雨露计划"符合补助的学生共1 072人,已发放金额149.22万元。

（五）开展政府与职校联合培养、推动职校与企业合作共建、建设多方参与互利共赢的就业平台,打造"雨露计划+"就业促进行动品牌

2022年,平乐县人民政府、桂林技师学院与长城电源技术(广西)有限公司开启了"政校企"联合办学模式,在桂林技师学院开设"订单班"帮助企业培养人才,安排毕业后的学生到平乐县二塘工业园区长城电源技术(广西)有限公司就业。这一联合办学模式不但帮助困难学生解决了部分生活上的困难,为他们将来就业提供了保障,也解决了企业急需用人的需求,为社会提供劳动技能型人才,是一举多得的惠民举措。当年长城电源技术(广西)有限公司与桂林技师学院开展订单班招生,面向平乐县初三毕业生拟招收100名中职新生,安排毕业后的订单班学生到平乐县二塘工业园区长城电源技术(广西)有限公司就业,现已招录46名初中毕业生到桂林技师学院就读订单班,其中10人属脱贫家庭学生。

三、取得成效

在各乡镇、各部门及广大热心企业的竭力帮助下,平乐县实现雨露计划毕业生就业率达96%以上,就业帮扶将使更多的毕业生走上就业岗位,并通过自身努力改变家庭的贫困状况,带头做好巩固脱贫成果的领头羊。过渡期内,平乐县雨露计划毕业生规模预计超过1 000人,将直接带动约4万脱贫人口高质量巩固脱贫成果,"雨露计划+"就业促进行动,为脱贫家庭托起稳稳的幸福。

四、经验体会

一人就业、全家脱贫,增加就业是最有效、最直接的增收方式。桂林市平乐县通过全面摸清底数,建立明晰工作台账,持续"雨露计划"政策宣传,落实政策补贴,搭建多方就业帮扶平台,为农村脱贫家庭缓解教育压力,提升了农村脱贫家庭学生们学习专业技能的信心和决心。"雨露计划"不仅推动脱贫家庭新成长劳动力稳岗就业,还巩固拓展了脱贫成果,为全面推进乡村振兴提供更有力的人才支撑,为进一步升级续写"雨露计划"的"后半篇文章"、帮助脱贫家庭实现就业增收、巩固拓展脱贫攻坚成果打下坚实基础,助力乡村全面振兴。

突出"四个维度"做好雨露计划"后半篇文章"

——来宾市实施"雨露计划+"就业促进行动案例

【摘要】

就业是巩固脱贫攻坚成果的基本措施,来宾市坚持用心、用情、用力实施"雨露计划+"就业促进行动,在摸清底数、精准帮扶、职教质量、社会参与等方面下功夫,开展从职业教育培训到促进高质量就业的全链条、一体式就业帮扶,为脱贫家庭实现就业增收、巩固拓展脱贫攻坚成果打下坚实基础,为扩大乡村振兴人才供给、促进乡村全面振兴提供有力支撑。

一、案例背景

就业是最有效、最直接的增收方式。数据显示,来宾市过去 2 年脱贫人口人均工资性收入占比为 70%、71%,尤其是 2022 年脱贫人口人均工资性收入突破万元,稳定了岗位、实现了就业,对稳定脱贫攻坚成果,稳定毕业生就业形势具有十分重要的意义。职业教育被誉为"工匠摇篮",党的十八大以来,随着职业教育体系不断完善,通过对接重点产业,广泛采用学徒制培养、订单式培养,不少职业院校的学生还未毕业即被"预订一空",职业院校毕业生年终就业率总体保持在 95% 以上。"雨露计划"作为就业帮扶政策之一,自精准扶贫工作实施以来发挥了重要作用,来宾市紧盯脱贫家庭新成长劳动力这类重点群体,深入开展"雨露计划+"就业促进行动,升级续写雨露计划的"后半篇文章",促进实施脱贫家庭新成长劳动力更加充分和更高质量就业。

二、主要做法

(一)摸清底数情况明,全面盘点有"力度"

来宾市利用好帮扶联系人、村"两委"干部、驻村第一书记和工作队员等帮扶队伍作用,通过逐户上门走访、电话询问等方式把摸排工作抓细、抓实到位,确保全面动态、精准掌握脱贫家庭新成长劳动力底数和雨露计划在读学生底数,积极引导脱贫人口就读职业院校。来宾市通过摸底排查,掌握到脱贫家庭新成长劳动力6 751人,脱贫家庭初三、高三毕业生有入读职业院校意愿5 227人、雨露计划在读学生12 823人、雨露计划毕业生就业意愿底数3 575人。同时,来宾市还建立健全新成长劳动力入读职业院校意愿清单、雨露计划在读学生清单、雨露计划即将毕业学生就业意愿清单和雨露计划已经毕业学生就业意愿清单,做到动态调整、动态管理。

(二)优化服务保障硬,助力就业有"温度"

1. 建立帮扶台账

来宾市按照"一人一档""一人一策"建立帮扶工作台账,分级分类针对性帮扶,对离校未就业毕业生至少提供3个有针对性的岗位推荐、1次高质量培训推介;对有创业意愿的毕业生,提供政策咨询、创业培训、开业指导、场地支持等全要素创业服务。

2. 举办招聘活动

充分发挥市场主体作用,通过"现场招聘+线上招聘+直播带岗"相结合的形式,助力脱贫家庭毕业生就业创业。2022年以来,来宾市累计为毕业生举办线上线下招聘会59场,参会企业1 770家,提供岗位74 086个(次),岗位覆盖金融、餐饮服务、机械、通信IT、旅游等多个行业,初步达成就业意向3 888人。

(三)提质培优强教育,提高技能有"深度"

"授人以鱼,不如授人以渔",为让职业教育更好地发挥"扶技、扶智、扶志"的作用,来宾市实行"一对一""多对一"职教帮扶行动。例如,茂名市第二职业技术学校结对帮扶金秀县职业技术学校,茂名市的县级市信宜市、高州市、化州市3所职校结对帮扶忻城县职业技术学校。通过开展系列教学交流研讨活动、选派优秀教师开展"传帮带"、组织学生到东部职校学习等方式,提升来宾职校教育教学水平。例如,茂名市选派4名职校教师到忻城职校挂职支教,来宾市选派3名教师到茂名职校跟岗学习,支援方学校结合区域产业发展实际,帮助受援的2所学校打造2个以上特色专业。

（四）社会参与举措实，订单培育有"亮度"

聚焦供需精准对接，依托粤桂劳务协作机制、深化校企合作，实行"订单式"育人工程。

1. 开展职业教育粤桂协作行动

茂南区、金秀县实行"订单式"育人工程，用心打造精品"金秀班"，在广东茂名幼儿师范专科学校设立"金秀班"，已培养96名脱贫家庭学生，毕业后回金秀任教；实施联合办学，助力学生"走出去"。金秀县职业技术学校农村学生就读茂名市第二职业技术学校，实施"2+1"模式联合办学，毕业后根据学生意愿优先推荐在广东就业，共为金秀县培养53名农村学生，其中20名学生被安排到广东深圳和东莞等地就业。

2. 构建校企合作

来宾市各中职学校利用专业教学优势，引企入校，目前已有服装、电子、汽车、数控、机电等多家行业的企业将生产线、设计室等搬进职校，实行产学研结合的新模式，所有的职校都与行业企业签订校企合作协议，实施订单式培养，推进了职校与区域产业发展需求的对接。2022年，来宾市中等职业学校应届毕业生4 216人，已就业3 986人，就业率达95%。

图1　武宣县职业教育中心与广西武宣县百花山农业有限公司签订校企合作协议，建立武宣县职业教育中心电子商务专业校企合作基地

图 2　从广东茂名幼儿师范专科学校"金秀班"毕业的学生回到金秀县任教

三、取得成效

雨露计划作为一项为脱贫家庭量身打造的职业技能提升计划,自精准扶贫工作实施以来已累计惠及来宾市 5 万多脱贫家庭新成长劳动力。来宾市严格落实"四个不摘"要求,面向脱贫家庭和监测对象,继续保持"雨露计划"资助政策不变。同时,注重从教育资助向就业促进延伸,不断拓展省内、省外就业渠道,统筹用好"发展产业带动、省外协作输出、帮扶车间安置、以工代赈吸纳、能人创业辐射、公益岗位兜底"等方式,引导脱贫劳动力"稳定就业一人、巩固成果一家"。目前,2022 年雨露计划职业学历教育毕业生实现就业 3 507 人,就业率为 98.1%;2022 年普通高校本科学历教育毕业生实现就业 1 093 人,就业率为98.3%。

四、经验体会

(一)因材施教,加强乡村人才培养

职业教育是广大青年打开成功大门的重要途径。近年来,从高职扩招向深

度贫困地区倾斜,到灵活采用多种方式送教入户、送教下乡,许多脱贫家庭学生通过职业教育实现了自己的梦想,如来宾市合山市的谭潘菊因为家庭条件困难,求学之路受到了阻碍,在"雨露计划"政策的帮助下顺利完成学业,毕业后返乡从医,提高了家庭收入,也为乡村发展献出自己的一份力量。

（二）因人施策，实现高质量稳岗就业

来宾市建立帮扶工作台账,以零就业的脱贫家庭雨露计划应届毕业生作为重点对象,提升离校未就业毕业生的就业服务质量,完善未就业实名台账,实施"一对一"精准帮扶,对有就业意愿的雨露计划毕业生,提供专业化体验指导;对有创业意愿的雨露计划毕业生,提供政策咨询、创业培训、开业指导、场地支持等全要素创业服务,按规定落实税费减免、创业担保贷款及贴息、一次性求职创业补贴、交通费补贴等各项政策。

（三）强化保障，形成合力开展工作

1. 建立专班

来宾市建立"雨露计划+"就业促进行动工作专班机制,明确分管领导、责任科室,强化统筹调度、夯实工作责任形成工作合力。

2. 纳入考核

将"雨露计划+"就业促进工作情况纳入巩固拓展脱贫成果同乡村振兴有效衔接督导考核、季度点评内容,强化督导检查。

"三坚持七强化"扎实推进"雨露计划+"就业促进行动

——百色市右江区实施"雨露计划+"就业促进行动案例

【摘要】

近年来,百色市右江区联合教育局、乡村振兴局、人力资源和社会保障局共同实施"雨露计划+"就业促进行动,通过"三个坚持""七个强化"扎实推进"雨露计划+"就业促进行动,促脱贫家庭稳定增收。

一、案例背景

百色市右江区实施"雨露计划+"就业促进行动以提高素质、增强就业和创业能力为宗旨,以中、高等职业教育(含技师)、劳动力转移培训、创业培训、农业技术培训为手段,为脱贫家庭(含监测帮扶对象)新成长劳动力接受职业教育提供便利,由职业教育环节延伸到了就业帮扶环节,实现从教育培训到促进就业的一体式帮扶,促进雨露计划毕业生实现高质量就业。

二、主要做法

（一）坚持部门互动，凝聚工作合力

1.强化组织领导,压实工作责任

百色市右江区始终把促进就业作为脱贫人口稳定增收的重要举措,组织乡村振兴局、教育局、人力资源和社会保障局共同开展"雨露计划+"学生信息摸排工作,健全雨露计划学生信息共享共用机制,统筹用好相关教育资助、就业促进和脱贫人口帮扶政策,做好脱贫家庭新成长劳动力接受职业教育的组织动员、雨露计划毕业生就业帮扶等工作,全力保障脱贫人口稳就业。

2.强化就业分析,加强形势研判

百色市右江区加强就业情况监测,做好就业岗位收集工作,深入辖区内各类用人单位,广泛收集就业岗位信息,充分利用信息化手段,向劳动者发布企业用工信息,做好岗位推荐和信息推送工作。

(二)坚持社会发动,营造良好就业氛围

1.强化"雨露计划+"宣传氛围

右江区以区、乡、村三级就业服务平台为依托,实时将就业政策、培训信息、用工信息通过乡(镇)节点直达村部,组织包村干部、驻村工作队、网格员和帮扶责任人利用电话、微信等"线上+线下"结合的方式,做到宣传工作全覆盖。

2.强化"就业政策进万家"活动

右江区以宣传栏、横幅标语、右江就业公众号、短视频等形式,多维度进行宣传,不断营造"劳动光荣、技能增收"的社会氛围。

(三)坚持共同行动,促脱贫家庭稳定增收

1.强化技能培训,提高就业能力

整合培训资源,根据群众就业和培训需求,精心制订培训计划,采取灵活多样的形式开展免费培训,充分发挥基层作用,把技能培训向乡镇延伸,让群众就地就近接受培训,鼓励引导群众参加实用性强、就业前景强、就业门槛低、工资待遇高的专业技能培训,如叉车工、月嫂、保育员、电工等相关培训项目,提高他们的就业能力,全面落实好技能培训补贴政策,提高群众参加技能培训的积极性、主动性,提升技能培训的效果。

2.强化就业援助,促进就地就近就业

统筹用好乡村公益性岗位,结合乡村振兴实际需求,合理开发一批乡村级公益性岗位,托底安置无力外出的脱贫人员就地就近就业,继续加大帮扶车间的扶持和认定力度,鼓励扶持能人志士回村建立帮扶车间,积极引导区、乡企业到村建立帮扶贫车间,优先吸纳脱贫人员就近就业,对符合条件的扶贫车间继

续落实带动就业奖补,确保脱贫人员稳定就业。

3.强化创业扶持,促进创业带动就业

扶持有能力有创业意愿的农民工、返乡入乡人员自主创业,对有创业资金需求且符合条件的进城务工人员、返乡入乡人员,给予创业担保贷款扶持;对有创业意愿的农民工、返乡入乡人员开展创业培训,增强进城务工人员、返乡入乡人员的创业能力和创业信心,积极落实创业扶持政策。

图1 右江区技术员深入杧果生产基地开展花期管理技术指导现场

图2 右江区2022年中式烹调就业技能培训

图3　2022年右江区"百色筑匠"劳务品牌助力乡村振兴就业技能培训

图4　右江区2022年金秋招聘月暨离校未就业高校毕业生、退役军人专场招聘会

三、主要成效

（一）精准摸排动态监测，实现数据共享

2022年右江区雨露计划春季学期学历教育补助审核发放1 869人,其中,2022年雨露计划毕业生463人。右江区通过岗位推送、现场招聘、技能培训等加大毕业生转移就业,除升学、参军以及不具备就业条件的极个别毕业生,2022年雨露计划毕业生均已全部实现就业。百色市右江区共监测辖区内重点企业

38 家,企业员工共 11 489 人,报告期新招员工 116 人,减员 14 人,缺工 0 人,同时掌握农民工返乡回流情况,为农民工就业提供公共就业服务。

（二）开展"线上+线下"服务，促进稳岗就业

右江区通过对脱贫户和监测户家庭发放宣传单、现场讲解等方式进行政策宣传,使"雨露计划"学历教育补助工作知晓率和覆盖面达到 100%。2022 年,右江区通过区、乡、村三级公共就业服务平台发布 1 790 家企业共 13.22 万个岗位信息,一共举办线下线上招聘会 14 场次,组织 157 家企业参与线上线下招聘活动,提供岗位 4 523 个,进场群众约 2 500 人,达成意向 1 003 人。

（三）加强技能培训就业服务，拓宽就业渠道

2022 年右江区组织开展职业技能培训班 38 个,完成职业技能培训人数 1 771 人,完成市级下达任务标准 1 255 人次的 141.1%,其中脱贫劳动力 781 人次,完成市级下达任务标准 430 人次的 181.6%,易地搬迁劳动力 437 人次,完成市级下达任务标准 395 人次的 100.1%。全区审核认定帮扶车间 44 家,共吸纳就业 3 000 多人,其中,脱贫人员 461 人,落实就业帮扶车间带动就业奖补 107 人共 28.5 万元。2022 年右江区扶持农民工、返乡入乡人员创业 9 个,带动就业 30 多人,发放补贴资金 4.5 万元。

四、经验体会

授人以鱼,不如授人以渔,让职业教育更好地发挥"扶技、扶智、扶志"的作用,书写"雨露计划+"后半篇文章。下一步,百色市右江区将深入贯彻落实习近平总书记关于"三农"工作的重要论述,通力协作、密切配合,共同推进"雨露计划+"就业促进工作,不断挺动巩固拓展脱贫攻坚成果上台阶,为乡村振兴提供人才支撑。

以"四个抓好"落实"雨露计划+"就业促进行动

——崇左市龙州县"雨露计划+"就业促进行动案例

【摘要】

为切实巩固拓展脱贫攻坚成果同乡村振兴有效衔接,崇左市龙州县坚持把"雨露计划"作为重要民生工程常抓不懈,并结合2022年启动实施的"雨露计划+"就业促进行动,以"四个抓好"抓好典型宣传、就业帮扶,岗位推送,技能培训等环节,为脱贫家庭新成长劳动力接受职业教育提供便利,促进雨露计划毕业生实现高质量就业,升级续写雨露计划"后半篇"文章。

一、案例背景

脱贫攻坚取得全面胜利后,国家乡村振兴局、教育部、人力资源和社会保障部共同启动实施"雨露计划+"就业促进行动,其目的是要让雨露计划毕业生不但上得了学,学得到技能,还能实现高质量的就业。近年来,崇左市龙州县在扎实开展"雨露计划"职业教育补助工作的同时,大力实施就业帮扶政策,组织开展技能培训,进一步稳就业、保民生。在做好"雨露计划"宣传、确保符合条件的中、高等职业学校在校就读的学生得到资助的同时,成立"雨露计划+"就业促进联盟,对雨露计划毕业生开展"一人一档""一人一策"帮扶工作,对未就业的毕业生,建立岗位需求清单,提供就业指导、岗位信息、见习机会、职业规划等服务;对已就业的毕业生,重点关注其就业稳定性和收入情况,做到实时动态跟踪帮扶,实现脱贫家庭就业增收,巩固拓展脱贫攻坚成果。

二、主要做法

(一)抓好典型宣传,营造良好氛围

一人就业,全家脱贫。雨露计划作为一项为贫困家庭量身打造的职业技能

提升计划,在脱贫攻坚期间,惠及千万贫困家庭新成长劳动力,带动贫困人口脱贫。进入发展新阶段,"雨露计划+"就业促进行动是牢牢守住不发生规模性返贫底线、提高脱贫家庭新成长劳动力技术技能水平、促进实现更加充分和更高质量就业的有效途径。2022 年以来,龙州县持续加大雨露计划政策宣传力度,一是通过帮扶责任人和驻村工作队入户帮扶、发放宣传单、学校召开宣讲会等多种方式宣传雨露计划政策,切实做到政策效果家喻户晓、政策落实成果深入人心;二是利用线上线下的方式对"雨露计划"补助政策、跨省务工一次性交通补贴、稳岗补助、高校毕业生创业补助政策等进行广泛宣传,尤其是享受雨露计划毕业生成功就业创业的典型事例,讲述其就业、增收历程,为广大即将毕业的对象注入一支强心剂,激发脱贫户内生发展动力,持续巩固拓展脱贫攻坚成果。2022 年以来,龙州县一共发放宣传资料 10 000 余份,张贴雨露计划政策宣传小板报 137 张,营造全社会关心关注的良好氛围;2023 年第一季度龙州县组织进入高校开展引进人才专场宣讲会 1 场次,预计招聘引进人才 10 名充实到龙州县机关事业单位。

（二）抓好全面摸排,建立数据台账

加强上下联动,健全雨露计划学生信息共享共用机制,统筹用好相关教育资助、就业促进和脱贫人口特惠帮扶政策,做好脱贫家庭新成长劳动力接受职业教育的组织动员、雨露计划毕业生就业帮扶等工作,切实做到基础数据到位、工作力量到位和补助资金到位。结合龙州县教育系统学籍数据分析、帮扶人入户摸排、往年"雨露计划"享受名单等,全面摸排脱贫家庭中(含监测户)有初中、高中毕业后接受中、高等职业教育学生信息,建立数据台账,及时调整,动态管理,积极动员脱贫家庭(含监测户)主动申请或由帮扶联系人、村委帮助收集相关学籍证明材料申请政策,切实做到"应保尽保,不落一人"。

（三）抓好跟踪指导,精准就业帮扶

加强部门协作,及时跟踪脱贫家庭毕业生(含监测户)就业情况,摸排毕业未及时就业的脱贫家庭新成长劳动力的就业意愿，采取岗位强推送、跟踪服务等措施，扎实推进有就业意愿但未及时就业的脱贫家庭（含监测户）毕业生就业。每到毕业季，龙州县人力资源和社会保障局负责收集整理大量的企事业单位招聘信息，发布到微信公众号、干部工作群、帮扶联系群等，组织发动广大干部、驻村工作队员、帮扶干部，携手共助学子稳就业，并开展"251"（即提供至少2 次职业指导、推送 5 个针对性岗位，推荐 1 个培训项目）就业帮扶，明确帮扶联系人为未就业脱贫人口的"一对一"就业帮扶责任人，持续发挥"雨露计划+"就业促进行动"提能力""促增收"的重要作用。此外，积极组织"春风行动""就业援助月""高校毕业生双选会"等各类招聘活动，强化高校毕业生就业服务，多措并举提升就业创业能力。目前，崇左市龙州县共举办大型招聘会 4 场次，开展流动招工活动 14 场次。

（四）抓好技能培训，助力发展增收

龙州县紧紧围绕产业发展需要，结合脱贫户（含监测户）劳动力的劳动技能培训意愿，因地制宜开展"雨露计划"短期技能培训和农村实用技术培训，邀请专家、农业技术员深入村屯进行实地实物讲解，利用"蚕房小课堂"等方式对脱贫户（含监测户）手把手、点对点进行现场实训，提升种桑养蚕、糖料蔗栽培、坚果种植等技术水平。

三、取得成效

2022 年以来，龙州县已落实"雨露计划"职业学历教育补助 2 380 人次，共计 340.32 万元，帮助了一大批贫困家庭新成长劳动力实现校园梦。龙州县摸排脱贫家庭（含监测户）毕业生 974 人，累计推送 2 000 多条岗位信息，助力 712 名脱贫家庭（含监测户）毕业生成功就业，实现从"助学业"到"帮就业"的有效提升，发放"雨露计划"短期技能培训以奖代补 158 人，共计 12.368 万元，农村实用技术培训累计培训 702 人，共计 2.935 5 万元，帮助贫困地区青壮年农民解

决在就业、创业中遇到的实际困难,最终达到发展生产、增加收入,促进贫困地区经济发展的目标。

四、经验体会

"雨露计划+"就业促进行动让脱贫基础更加稳固、成效更可持续。通过此项政策扶持,龙州县农村脱贫家庭子女接受中、高等职业教育的比例逐步提高,脱贫家庭新成长劳动力的创业就业能力得到很大提升,实现稳定就业一人、巩固脱贫成果一家。下一步,崇左市龙州县还将在全县范围内开展多种形式的"雨露计划+"就业帮扶活动,结合"一人一策""251"帮扶等工作要求,采取岗位强推送、培训强技能、跟踪强服务等措施,继续扎实推进脱贫家庭毕业生的就业帮扶工作。

推进"六个统一"促进就业，为乡村振兴强基赋能

——百色市乐业县"雨露计划+"就业促进行动案例

【摘要】

为解决雨露计划毕业生和农村劳动力就业难、就业不稳定、就业信息不畅通等问题，百色市乐业县将全面推行统一资源调查、统一岗位开发、"统一培训+就业"、统一劳务派遣、统一就业监测、统一政策保障的"六个统一"就业模式，创新成立百色市乐业县乡村振兴就业帮扶市场，构建起"党委领导、政府搭台、市场主抓、乡镇联动、村级落实"的就业服务工作格局。

一、案例背景

2022年以来，百色市乐业县强化落实就业帮扶政策，健全完善就业创业工作机制，积极推进实施"六个统一"专项行动计划，确保全县脱贫劳动力就业规模稳中有升。2022年，全县农村劳动力外出务工6.4万人，同比增长8.02%，就近务工1.52万人，落实乡村公益性岗位4 712人。截至2023年4月19日，全县农村劳动力外出务工7.5万人，落实乡村公益性岗位3 027人。2022年乐业县享受雨露计划补助毕业学生人数958人，其中，中职学生257人，有174人实现就业，83人继续升学；高职学生664人，有569人实现就业，84人继续升学，11人参军；技工院校学生37人，有26人实现就业11人继续升学。雨露计划毕业生实现高质量就业人数达743人。

二、主要做法

（一）统一资源调查，夯实就业创业坚实基础

建立人力资源数据库，全面准确掌握劳动力资源状况，更好地促进就业与招才供需有效对接。乐业县采取农村劳动力资源状况"一次摸排+常态化更新

的模式",组织全县村级劳务调查员、驻村第一书记及工作队员、村"两委"干部、帮扶干部,推行"年初集中调查、年中全面核查、每月实时监测"调查机制,采取入户走访、电话沟通、微信联系等方式进行劳动力资源统计调查与录入工作。

加强摸底排查,建立精准的高校(含中高职、技师等)毕业生人员花名册,对接县人才服务中心、教育局,获取2022届乐业籍高校毕业生名单,梳理落实就业意向、继续升学、参军入伍、未落实就业意向以及就业帮扶需求等情况。对未就业的高校毕业生(含中高职、技师等)建立"一对一"服务机制,采取"251"措施(即2次以上就业指导服务,5个岗位推荐,1个技能培训推荐)提供精准的就业帮扶,直至高校毕业生实现就业。

(二)统一岗位开发,为就业增收保驾护航

乐业县主动对接政府建设项目以及政策性劳务需求,结合劳动力的务工需求、技能技术等情况,统一开发乡村公益性岗位、扶贫车间岗位、粤桂协作岗位、脱贫奔康产业园就业岗位及政府招标项目就业岗位等因需对口的就业岗位。

鼓励更多企业设立高校毕业生就业见习基地,对符合条件并认定为高校毕业生就业见习基地的单位,按每人每月1 500元的标准给予就业见习补贴,对见习期满留用率达到50%的,补贴标准提高至每人每月2 000元,所需资金从就业补助资金列支。

(三)统一培训+就业,增强群众增收致富内生动力

分门别类制定培训方案,开展上岗就业针对性培训。乐业县立足企业用工成本高和劳动力的培训需求大等实际情况,主动承接同一企业10人以上的岗前培训,依托脱贫奔康产业园、职业学校、粤桂劳务协作机制、县内培训企业等统一进行就业技能培训。

召开高校毕业生未就业人员"面对面"就业指导服务座谈会。乐业县组织县就业服务中心、乡村振兴就业帮扶市场相关人员到各乡(镇)召开1次座谈会,帮助毕业生了解社会求职供需、薪酬待遇、职场现状等,听取毕业生就业想

法,引导毕业生设置合理的就业预期,避免"眼高手低"、慢就业等现象,鼓励"先就业,后择业"。

(四)统一劳务派遣,促进城乡统筹就业

乐业县加强与深圳盐田区人力资源和社会保障局、县外用工企业的沟通联络,做实县内企业、项目用工需求整合,根据用工需求与劳动力意愿,实现县、乡、村三级就业服务体系精准推荐就业岗位,落实全县统一劳务派遣。

加强困难毕业生兜底安置。梳理脱贫家庭、零就业家庭、残疾家庭或身患残疾、低保家庭、特困人员(孤儿)以及获得助学贷款的高校毕业生名单,建立乐业县困难毕业生名册。对未落实就业去向、未继续升学、未参军入伍的毕业生,加强就业岗位推荐和引导;无法通过市场化渠道实现就业的毕业生,由县就业服务中心、各乡(镇)人民政府开发临时岗位及乡村公益性岗位,通过安置 3~12 个月期限的政策性岗位兜底就业,所需资金从就业补助资金与衔接资金中列支。

(五)统一就业监测,巩固提升帮扶成果

实行县、乡、村三级分级联动监测制度,压实全县 88 个行政村(社区)的村级网格员、协管员、村民小组长等监测员的责任,通过微信群、电话、入户走访等方式,对全县农村劳动力开展常态化就业监测,对两个月没有务工收入的群众及时进行帮扶干预,就业动态监测可以及时跟进掌握家庭生活情况,更高效地进行精准帮扶。

实施"2022 年就业服务季"行动。制订实施计划,重点针对乐业籍高校毕业生,6 月至 9 月开展就业服务季行动,召开 1 场以上进高校招聘会、县内"高校毕业季"大型专场招聘会,提供线上线下就业指导、岗位推荐、就业见习推荐、技能培训推荐、创业指导服务、就业创业政策宣讲等,力争 8 月底,实名登记的高校毕业生就业去向落实率达到 85% 以上。

(六)统一政策保障,巩固就业暖民心

通过就业帮扶市场印发就业政策保障清单,积极谋划落实"点对点"劳务输

出、一次性交通补助、稳岗就业补助、创业补贴、帮扶车间复工复产补助、就业见习补贴、社会保险补贴、职业技能培训补贴、统一购买"农民工失业保险"商业险等就业保障政策，创新防贫保险机制，对监测到失业两个月以上的脱贫群众及时启动失业保险，连续领取两个月失业保险金，并通过就业帮扶市场安排其重新就业。

建设高校毕业生一站式服务窗口。简化优化办事流程，创新服务方式，建设高校毕业生就业创业一站式服务窗口，专项新增配齐窗口服务人员，建立统一的信息化服务平台，方便高校毕业生办事和就业创业。

图1　乐业县就业帮扶培训

图2　乐业县雨露计划宣传

图 3　乐业县雨露计划宣传

图 4　乐业县雨露计划宣传

三、主要成效

（一）推行统一资源调查，实现"群众自发"向"政府派遣"转变

乐业县累计调查出各类劳动力 92 196 人，调查出掌握各类技能的劳动力 32 523 人，调查出区内区外就业 74 320 人，实现全县劳动力基数动态更新、统一派遣精准有效。2022 年乐业县享受雨露计划补助毕业学生人数 958 人，其中有

206 人继续升学,11 人参军,雨露计划毕业生实现高质量就业人数达 743 人。

（二）推行统一岗位开发，实现"无序开发"向"统一开发"转变

乐业县累计开发 4 万多个岗位,实现求职者 100% 安排就业,有效避免"有岗无人、有人无岗"现象出现,让有就业意愿的农村劳动力人人有合适的就业岗位。截至 2023 年 4 月,乐业县一共有 9 个"就业见习基地"提供见习岗位,目前提供 66 个岗位,共 45 人通过招聘工作成功就业并成功签署就业见习协议,正式上岗开展就业见习工作。

（三）推行统一培训+就业，实现"低效培训"向"高效培训就业"转变

乐业县累计组织开展各类培训 200 余场（次）、培训 19 900 人,并全部实现就业,有培训需求和意愿的劳动力培训率达 98%,全面提升劳动力上岗适应能力,切实降低企业用工或项目用工风险,让企业"放心用工"、劳动力就业"有底气""能稳定"。

（四）推行统一劳务派遣，实现"小规模组织"向"全县域统一组织"转变

乐业县累计完成公益性岗位、政府投资项目用工等县内派遣 24 478 人、县外区内派遣 28 450 人和粤桂协作平台等区外派遣 22 392 人,切实解决了农村劳动力上岗就业"规模小、不稳定"问题,全面提升就业服务效率。

（五）推行统一就业监测，实现"反馈信息不灵"向"统一就业监测"转变

乐业县累计开展 6 轮劳动力就业情况监测,对监测到的 259 名农村失业劳动力重新安排就业,做到就业状况监测不落一人、就业安排全覆盖。

（六）推行统一政策保障，实现"保障不足"向"统一服务"转变

乐业县印发 10 余份稳岗就业政策文件,实现劳务调查、宣传动员、劳务派遣、政策补助、就业监测等全方位统一保障,累计落实各类就业补助资金超3 000 万元,切实筑牢就业保障防线。

四、经验体会

　　就业帮扶是加快推进乡村振兴战略直接、有效的重要举措,百色市乐业县将继续精准施策,持续抓重点、补短板、强弱项,通过强化政策扶持、加大职业技能培训、畅通就业渠道等多种措施,充分整合利用有效资源,全力做好就业帮扶,促进"雨露计划+"就业,为高校毕业生提供强劲有力的就业保障措施。

八步区"雨露计划+"助力脱贫户增收

——贺州市八步区"雨露计划+"就业促进行动案例

【摘要】

贺州市八步区乡村振兴局在区委、区政府的领导下以及贺州市乡村振兴局的大力支持和精心指导下,深入贯彻落实中央、自治区、市乡村振兴工作会议精神,以乡村振兴为主战场,抢抓机遇,与时俱进、狠抓落实,切实加强就业帮扶巩固拓展脱贫攻坚成果助力乡村振兴。

一、案例背景

当前,八步区经济下行压力加大,巩固拓展脱贫攻坚成果面临的困难挑战增多,就业是巩固脱贫攻坚成果的基本措施,稳住了岗位、实现了就业,防止返贫致贫就有了坚实支撑。为此,八步区开展"雨露计划+"就业促进行动,将帮扶对象由脱贫家庭扩展到了脱贫家庭和防止返贫监测对象家庭,将支持范围由职业教育环节延伸到了就业帮扶环节。通过开展从教育培训到促进就业的全链条、一体式帮扶,为脱贫家庭实现就业增收、巩固拓展脱贫攻坚成果打下坚实基础,为扩大乡村人才供给、促进乡村全面振兴提供有力支撑。在全面摸清底数的基础上,八步区建立数据台账,及时调整、动态管理,建立岗位需求清单;健全产教融合、校企合作机制;通过健全职业教育东西部协作机制、跨地域服务协调机制等,满足多样化就业需求;精准就业帮扶,加强岗位归集,为雨露计划毕业生提供更多的就业岗位,分类开展帮扶。

二、主要做法

近年来,从高职扩招向深度贫困地区倾斜,到灵活采用多种方式送教入户、送教下乡,许多贫困家庭学生通过职业教育实现了自己的梦想。我国脱贫攻坚的实践充分证明,职业教育扶贫是见效快、成效显著的扶贫方式之一,对提振群众精气神,阻断贫困代际传递贡献巨大力量,贺州市八步区通过以下做法将雨露计划工作落细落实。

(一)制定雨露计划差异化补助方案

制定符合当地实际的差异化补助作方案,做好补助资金预算安排,切实做到应补尽补,让职业教育更好地发挥"扶技、扶智、扶志"的作用。在人才培养的过程中,八步区充分结合当地实际,灵活设置专业,培养一批符合本地实际产业发展方向的技能人才。

(二)掌握就业需求

由村"两委"干部、驻村第一书记、工作队员核实学生在校就读情况,出具学生在校就读确认书,以行政村为单位审核汇总在校就读学生名单,报乡(镇)人民政府后,再汇总报区乡村振兴局审核发放雨露计划补助金;摸清脱贫家庭新成长劳动力底数、掌握入读职业院校意愿,摸清雨露计划应届、往届毕业生就业情况底数,掌握就业需求。

(三)统筹安排工作

安排专人负责雨露计划工作,确保各项工作落到实处。根据其特点和季节性要求,统筹安排培训时间,严防前松后紧的现象,坚持精准就业帮扶,实现职教一人、就业一个、富裕一家,让每一个人都有出彩的机会,让越来越多的家庭日子越过越红火。

(四)广泛宣传,为实施雨露计划营造良好氛围

通过到区管辖的各所初、高中学校张贴帮扶政策宣传板报、发放雨露计划补助政策宣传单、微信公众号推文推送、电视台字幕滚动循环播放等方式广泛宣传雨露计划。

三、取得成效

2022 年八步区雨露计划职业学历教育补助已完成补助 5 683 人,总金额 748.725 万元。其中,2022 年春季学期完成补助 2 669 人,补助金额 352.2 万元;2022 年秋季学期完成补助 3 014 人,补助金额 396.525 万元;短期技能以奖代补已完成补助 17 人,补助金额 1.312 万元;农村实用技术培训已培训学员 1 546 人次,总培训资金 9.15 万元,其中,学员补助金额 7.73 万元、教师课酬 1.42 万元。

谈起大孙子获得"雨露计划"补助,脱贫户粟年英欣慰地说:"'雨露计划'给我们家每年补助 3 000 元,缓解了我大孙子读中职学校带来的经济压力,他毕业后找了份工作,努力让家里的生活越来越好,也算为社会贡献一份力量。"

粟年英是八步区江南街道厦良村的建档立卡脱贫户,其孙子何中源是"雨露计划"的受益者之一。2018 年 9 月,何中源考入广西贺州职业学院。在接到录取通知书的那一刻,他内心无比喜悦,一直以来的梦想终于要实现了。但是家庭的贫困也让何中源圆梦的脚步渐渐慢了下来,父母早年去世,他还有一位妹妹在读小学,祖孙三人相依为命,曾经家庭的重担全压在瘦弱的奶奶一个人身上,这些年也只是靠着奶奶微薄的养老金和妹妹的孤儿金以及补助医疗保险维持着家庭基本生活。此时的何中源犹豫了,觉得不如放弃学业早早打工挣钱以补贴这个拮据的家庭。当帮扶干部获悉这一情况后,及时向他传达了"雨露计划"扶持政策,并收集他们家的相关资料,帮忙办理了"雨露计划"补助申请。在领到"雨露计划"补助的那一刻,祖孙三人悬着的心终于放下了。从 2018 年入学至今,何中源每个学期都能按时获得"雨露计划"补助,这不仅让他能够安心读书,也给他的家庭减轻了压力。如今,何中源已顺利从广西贺州职业学院中式烹调专业毕业,进入随园居私人定制食堂工作,"中职五年我每年享受 3 000 元的雨露计划补助,这笔钱大大地减轻了我读中职期间的经济压力,现在我毕业了,找了一份满意的工作,现如今家里的生活越来越好,我对未来也充满了信心!"谈起获得"雨露计划"补助,何中源感动地说。"雨露计划"就如同一场"及时雨",让更多的寒门学子通过这一政策,延续了自己的追梦之路。

四、经验体会

回顾过去的工作和工作中面临的困难以及工作中所暴露出来的突出矛盾,我们有以下几点建议和请求。

第一,建议政府出台一些更加合理的政策,比如把雨露计划工作落实到乡镇、第一书记、工作队员及帮扶联系人身上。

第二,请求自治区、市乡村振兴局协调安排进村入户宣传雨露计划配套工作经费。

第三,建议政府把雨露计划一部分责任落实到教育部门,使雨露计划补助能做到全面实施。

"雨露计划+"就业赋能　助力乡村振兴

——河池市罗城仫佬族自治县实施"雨露计划+"就业促进行动案例

【摘要】

"授人以鱼,不如授人以渔"。河池市罗城仫佬族自治县持续开展"雨露计划+"就业促进行动,为脱贫家庭实现就业增收,提供有力支撑;为巩固拓展脱贫攻坚成果同乡村振兴有效衔接,提供有力支撑;为人才振兴促进乡村全面振兴,提供有力支撑,"雨露计划+"提高了脱贫家庭劳动力技能水平,"就业赋能"开启更高收益、更高质量的创业就业门路。

一、案例背景

罗城仫佬族自治县集"老、少、边、山、穷"于一身,是滇桂黔石漠化片区县、国家扶贫开发工作重点县、广西深度贫困县,岩溶面积占全县总面积的53%,山多地少,自然条件恶劣,且劳动力大量外流,导致留守儿童较多,教育扶贫和就业保障面临极大的挑战。2015年经过精准识别和贫困对象动态管理,调查出全县共有82个贫困村,8.39万名贫困人口,贫困发生率为28.48%,脱贫任务任重道远。

二、主要做法

罗城仫佬族自治县通过"雨露计划+"就业赋能,借助多方主体力量,以雨露计划为基础,以校企合作为行动,组织引导脱贫家庭新成长劳动力入读职业院校(含技工院校,下同),提升技能素质,帮助雨露计划毕业生实现更加充分、更高质量的就业,走上脱贫致富的道路,大力推进乡村振兴。

（一）强化领导，确保责任落实到人

建立健全协调工作机制，发挥部门优势，形成工作合力，共同推进"雨露计划+"就业促进行动。罗城仫佬族自治县乡村振兴局做好"掌舵者"，教育局、人力资源和社会保障局当好"参谋助手"，积极主动支持开展相关工作，同时细化职能责任，确保分工到组，责任到人，保证"雨露计划+"就业赋能工作顺利开展，带领群众增收致富。

（二）强化宣传，确保群众政策知晓率

积极引导各类媒体采用脱贫家庭喜闻乐见、学校学生便于参与、企业组织乐于参加的宣传方法，在脱贫家庭新成长劳动力入学前、毕业前、招聘前等关键时间节点集中开展宣传引导，同时发挥好"两微两号一台"新媒体平台的作用，确保"雨露计划+"政策全覆盖，选出一批立得住、叫得响、推得开的成才先进典型，讲好雨露计划故事，不断营造"劳动光荣、技能增收"的社会氛围。

（三）强化摸排，确保对象一人不漏

依托全国扶贫开发信息系统中的学生信息逐户摸清脱贫家庭新成长劳动力底数，掌握入读职业院校意愿、雨露计划在读学生底数、雨露计划毕业生就业意愿等情况，建立健全新成长劳动力相关数据台账，做到动态调整、动态管理，信息共享、数据一致，确保"雨露计划+"不漏一人。

（四）强化赋能，提高技能促就业

罗城仫佬族自治县始终坚持就业导向与需求导向结合，教育局、人力资源和社会保障局持续发力，凝聚社会合力，动员一批职业院校、用工企业、人力资源服务机构、社会组织成立"雨露计划+"就业促进联盟（以下简称"联盟"）。聚焦建筑、物流、电力等劳动密集型行业，组织动员有实力、有社会责任的企业和社会组织等用工主体，提供适合雨露计划毕业生的就业岗位，建立岗位需求清单，畅通就业渠道；组织"雨露计划+"就业促进行动招聘活动，采取线上线下等招聘方式，开展定向招聘、专场招聘等校企对接的就业帮扶活动；统筹用好东西部协作、定点帮扶、"万企兴万村"行动等机制,助力校企合作,发挥优质院校和龙头企业资源优势,共同开展在岗技能提升、人才培养等服务,持续提升雨露计划学生技能水平和就业渠道。

三、取得成效

一人就业、全家脱贫,增加就业是最有效最直接的增收方式。罗城仫佬族自治县目前累计发放雨露计划补助学生 32 271 人次,其中,中职、高职学生 311 599 人次,本科生 1 112 人次。"雨露计划+"作为教育扶贫政策之一,在精准扶贫中发挥了重要作用,这一帮扶计划在脱贫攻坚期间,累计惠及 1 661 个贫困家庭新成长劳动力,带动贫困人口脱贫。2020 年 11 月 20 日,罗城仫佬族自治县如期实现整县脱贫摘帽,历史性地解决了绝对贫困问题,同步全面建成了小康社会,持续开展"雨露计划+"就业促进行动,是对脱贫攻坚成果的再巩固,对就业优先发展政策的再落实,对乡村振兴认识的再深化。

四、经验体会

(一)减轻家庭教育负担,消除返贫风险

教育开支是一个家庭的重要经济负担,尤其是对贫困家庭而言,难以负担每年几千的学费和生活费,因学致贫是这类家庭存在的返贫风险,"雨露计划"这项政策能有效缓解这类家庭的经济压力,消除脱贫户因学致贫的风险,有效巩固脱贫攻坚成果。

(二)培育家庭就业人口,增强内生动力

通过开展从教育培训到促进就业的全链条、一体式帮扶,培育贫困家庭新生劳动力,让贫困学子实现了"知识改变命运"的梦想,凭借自己的知识能力找到了施展才华的舞台,为脱贫家庭实现就业增收,为巩固拓展脱贫攻坚成果夯实基础,为扩大乡村人才供给、促进乡村全面振兴提供有力支撑。

（三）厚植建设家乡情怀，留住本土人才

享受过"雨露计划"政策的贫困学子大多能感受到政策和国家的温度，"毕业了回乡发展"成为大多数学子的共同心声和目标，雨露计划为乡村振兴留住了大量爱农村、爱农民、懂农业的本土人才，用所学知识与自身能力回馈社会、为家乡的乡村振兴贡献智慧和力量。

第三章　搭建平台促进就业

"强队伍、拓资源、重跟踪"，助推就业高质量发展

——贵港市港南区实施"雨露计划+"就业促进行动案例

【摘要】

为脱贫家庭新成长劳动力接受职业教育提供便利,促进雨露计划毕业生实现高质量就业,贵港市港南区认真贯彻落实人力资源和社会保障部、教育部、国家乡村振兴局关于"雨露计划+"就业促进行动决策部署,升级续写雨露计划的"后半篇"文章,这是促进实现脱贫家庭新成长劳动力更加充分和更高质量就业的有效途径,对稳定脱贫攻坚成果,稳定毕业生就业形势具有十分重要的作用。

一、案例背景

2022 年,贵港市港南区认真贯彻落实"雨露计划+"就业促进行动决策部署及自治区和贵港市有关要求,以"强队伍、拓资源、重跟踪"为工作主线,积极探索建立"雨露计划+"应届毕业生就业帮扶工作机制,港南区对市级统一下发的2022 年雨露计划毕业生 135 人(中职)、432 人(高职)、337 人(本科)进行就业情况摸排及跟踪帮扶,其中雨露计划中职毕业生有就业意愿的 69 人,已实现就业 69 人;雨露计划高职毕业生有就业意愿的 296 人,已实现就业 296 人;雨露计

划本科毕业生有就业意愿的 272 人，已实现就业 272 人；及时落实就业服务，即开展 2 次职业指导、推荐 5 个就业岗位、推送 1 个培训项目，通过多方联动，帮扶2022 年全区"雨露计划+"有就业意愿的 637 名应届毕业生 100% 实现就业。

二、主要做法

（一）建立"四级联动"就业帮扶保障机制

1. 加强区级抓统筹

及时调整区处级领导干部联系乡镇、脱贫村分工，以区领导到分包责任区域开展督导调研工作等方式，加强对乡镇"雨露计划+"毕业生就业帮扶工作落实的跟进督促。

2. 推动乡镇抓落实

落实乡镇分管领导抓就业帮扶工作责任，全面掌握乡镇"雨露计划+"应届毕业生就业底数，及时向上级主管部门推送信息，并按要求组织开展就业帮扶工作。

3. 注重村级抓跟踪

落实一名村干部分管就业帮扶工作，实时掌握全村"雨露计划+"应届毕业生的就业动态信息情况，及时向乡镇和上级主管部门进行信息共享，及时推送就业岗位信息。

4. 落实人员抓帮扶

以下发"工作令"的形式，压实帮扶干部责任，开展"一对一"就业指导帮扶，及时掌握就业意向，向村级反馈就业需求，形成"区领导+乡干+村干（驻村工作队）+帮扶联系人"的一体化就业帮扶网格化工作格局，确保应帮尽帮。

（二）建立"1+2+3"就业帮扶信息机制

1. 摸清一个底数

港南区教育局、人力资源和社会保障局、乡村振兴局联合下发通知，对"雨露计划+"应届毕业生就业需求意愿、所学专业等方面情况认真摸清底数,建立"一对一"信息台账,夯实信息数据新基础。

2. 建立两个平台

开设"港南人社"微信公众号,定期发布就业岗位信息,通过依托港南区人力资源和社会保障局创建"微信群""QQ群""微信公众号"并进行推送的方式,强化线上就业岗位推送匹配,达到"一传十、十传百"的推送效果,线下结合人力资源和社会保障局举办春风行动、金秋招聘会等活动,组织招聘企业及单位提供工作岗位,为广大应届毕业生搭建就业桥梁,提供就业机会,在家门口实现就业愿望。

3. 加强"三个联动"

加强政府有关部门的信息联动。港南区加强人力资源和社会保障局、乡村振兴局、教育局等部门的协同配合,摸清"雨露计划+"应届毕业生就业愿望需求情况底数。通过人力资源和社会保障局与企业联动,积极动员各类用工企业,特别是行业龙头企业加大岗位归集力度,拓宽岗位利用渠道,为"雨露计划+"毕业生提供更多的就业岗位和就业机会;通过企业与毕业生联动,以人力资源和社会保障局搭建就业服务平台,组织企业与"雨露计划+"应届毕业生召开就业推荐会,加强联动,提供就业精准信息,帮扶毕业生及时实现就业。

(三)精准施策通道"账单制"兑现补贴

1. 政策讲解明白

港南区乡村振兴局、驻村第一书记、工作队员、村"两委"干部采用"三个一"形式,进村屯、进家庭开展宣讲,提高广大脱贫户对"雨露计划"政策的知晓率,提高"雨露计划"政策的受益覆盖面,做到按政策精准补助、应补尽补、应享尽享。

2. 程序审查到位

全面掌握、实时跟进"雨露计划+"政策落实情况,严格审批流程,按照农户申请——乡村初审——乡镇复核——部门认定等程序,逐人逐环节精准落实审批负责制,构建多方联动、广泛宣传、合力推进的工作大格局,在助学补助发放方面,建立数据共享比对机制,将乡村振兴系统和全国防返贫监测信息系统中的学生数据进行比对,然后确定每学期的职业教育补助名单,落实资助政策,确保"应补尽补"。

三、取得成效

2022年贵港市港南区"雨露计划+"毕业生就业工作全面完成。港南区乡村振兴局和教育局、人力资源和社会保障局通力合作,推动"雨露计划+"就业促进行动取得良好成效,充分发挥了各部门的特色优势,持续深化合作,形成工作合力,从全面摸清底数建立需求台账到促进就业的全链条、一体式帮扶,帮助雨露计划毕业生实现更加充分、更高质量的就业。截至2022年12月31日,全区有就业意愿的637名应届毕业生都已就业,实现就业率100%,圆满完成年度目标任务。

就业帮扶及跟踪服务水平有了较大提高。港南区乡村振兴局、人力资源和社会保障局把做好"雨露计划+"毕业生就业和跟踪服务作为"雨露计划+"就业促进行动工作的生命线。对未就业的毕业生,建立岗位需求清单,提供就业指导、岗位信息、见习机会、职业规划等服务;对已就业的毕业生,重点关注其就业稳定性和收入情况;对有创业意愿的毕业生,落实特惠政策,引导他们发展生产、投身乡村建设;对已就业又失业的毕业生,开展"一对一"实名制帮扶,即开展2次职业指导、推荐5个就业岗位、推送1个培训项目,这为港南区"雨露计划+"稳定就业提供了可靠保证。

四、经验体会

2022年,贵港市港南区乡村振兴和教育局、人力资源和社会保障局通力合作,推动"雨露计划+"就业促进行动取得良好成效,积累了丰富经验、打下了坚实基础。

（一）协同多部门联动

贵港市港南区乡村振兴局要加强与教育局、人力资源和社会保障局等部门的沟通协调，健全雨露计划学生信息共享共用机制，统筹用好相关教育资助、就业促进和脱贫人口特惠帮扶政策，做好脱贫家庭新成长劳动力接受职业教育的组织动员、雨露计划毕业生就业帮扶等工作，切实做到基础数据到位、补助资金到位和工作力量到位。

（二）建立服务平台

动员相关用工单位根据就业需要，提供合适岗位，强化岗位归集，优先吸纳雨露计划毕业生就业。区人力资源和社会保障局协同乡村振兴局要全面掌握毕业生就业需要，针对性地开展职业介绍、职业规划服务，人力资源有关部门创新平台载体，有效对接雨露计划毕业生和用工企业，精准组织线上线下招聘服务活动。

（三）落实清单管理

通过对脱贫家庭学生接受职业教育的学前、就读、毕业、就业等过程摸底排查，形成《脱贫家庭（含防止返贫监测对象家庭）新成长劳动力入读职业院校、技工院校意愿清单》《雨露计划在读学生清单》《雨露计划即将毕业学生就业意愿清单》《雨露计划已经毕业生就业信息和就业意愿清单》4 张清单，对脱贫家庭新成长劳动力开展从职业教育培训到促进就业的全链条、一体化帮扶实行动态管理，促进对脱贫家庭劳动力"扶智"和"扶志"的帮扶，实现稳定就业一人、巩固脱贫成果一家。

实施好"雨露计划+"就业促进行动，意义重大、使命光荣。我们要深入贯彻落实习近平总书记关于"三农"工作的重要论述，加强协作、密切配合，共同推进"雨露计划+"就业促进行动不断取得新进展新成效，不断推动巩固拓展脱贫攻坚成果上台阶、乡村全面振兴见实效。

摸清毕业生底数，搭建招聘平台，开展"2+5+1"就业帮扶，及时做好跟踪帮扶

——防城港市港口区实施"雨露计划+"就业促进行动案例

【摘要】

2021年以来，防城港市港口区积极响应中央和自治区"雨露计划+"就业促进帮扶行动政策，组织多部门联合开展"雨露计划+"就业促进行动，全面掌握雨露计划毕业生的就业意愿情况和就业需求，开展线上线下专场招聘活动，为未就业的雨露计划毕业生针对性地进行工作推荐和"2+5+1"就业帮扶，落实各项稳岗就业相关政策，帮助促进雨露计划毕业生应就业尽就业。

一、案例背景

2021年以来，防城港市港口区积极响应中央和自治区"雨露计划+"就业促进帮扶行动政策，组织实施"雨露计划+"就业促进行动，全面掌握雨露计划毕业生的就业意愿情况和就业需求，启动线上线下专场招聘活动，为未就业的雨露计划毕业生针对性地开展"2+5+1"就业帮扶，解决雨露计划毕业生的就业问题，落实各项稳岗就业相关政策，帮助雨露计划毕业生应就业尽就业。

二、主要做法

（一）搭建就业招聘服务平台

防城港市港口区积极为高校毕业生与企业搭建就业招聘服务平台，动员有实力、有社会责任感的企业和社会组织等用工主体，每年举办高校毕业生专场招聘会，为学子们搭建了从"校门"到"企门"的绿色通道，使"雨露计划"学生毕业即就业。

2021年，港口区协助举办"广西2021届高校毕业生招聘季"现场招聘会，组

织港口区辖区企业赴南宁市参加广西大学 2021 届毕业生春季双选会,赴河池市依次参加凤山县"高校毕业生、退役军人"专场招聘会、罗城仫佬族自治县"高校毕业生、退役军人"专场招聘会。

2022 年,港口区举办 6 场线上招聘会(包含高校毕业生专场),以直播带岗、线上平台直聘的模式开展。为了方便未就业的脱贫劳动力(含监测户劳动力)、农村低收入家庭劳动力、雨露计划高校毕业生等各类求职群体参加现场招聘会,防城港市港口区人力资源也社会保障局联合港口区乡村振兴局组织辖区企业深入到各村(社区),举办了"防城港市港口区 2022 年送岗进村入户保增收专场招聘会"等 8 场现场招聘活动,拓宽各类就业群体就地就近就业渠道,方便未就业雨露计划毕业生在家门口求职择业。

2023 年,港口区多部门联合分别在企沙镇、光坡镇和沙潭江街道三地举办"2023 年春风行动暨就业援助月港口区招聘会活动",帮助和促进脱贫劳动力、失地失海农民、返乡农民工、农村劳动力转移就业以及帮助未就业的雨露计划毕业生、有就业能力的残疾人等就业困难人员实现就业,服务企业用工招聘。

(二)开展"2+5+1"就业帮扶

对未就业的雨露计划毕业生开展"2+5+1"就业帮扶(包括 2 次就业指导,5 次岗位推荐,1 次培训推荐),促进其应就业尽就业。为更有针对性地为雨露计划毕业生开展就业帮扶工作,防城港市港口区乡村振兴局、教育局和人力资源和社会保障局联合开展,组织各镇人民政府(街道办事处)、各帮扶联系人、驻村第一书记、工作队员和村"两委"干部全面摸清雨露计划毕业生的就业与升学情况,了解掌握未就业的雨露计划毕业生的就业意愿以及未就业的具体原因等情况,并汇总成表格,及时更新做好跟踪帮扶。防城港市港口区出台了《关于做好港口区脱贫劳动力和监测帮扶对象就业帮扶工作的通知》(港乡村指办发〔2022〕22 号)文件,明确帮扶干部为脱贫劳动力就业帮扶第一责任人,压实帮扶干部就业帮扶的责任,激发帮扶干部主观能动性,对未就业的雨露计划毕业生开展"2+5+1"就业帮扶,促进其应就业尽就业。光坡镇潭油村的雨露计划毕业生骆晓军毕业后缺少技能没有找到合适的工作,在帮扶干部的推荐下,骆晓军参加了东兴市宏正职业技能培训学校的电工培训,取得电工操作证后,他再前往广东找工作,骆晓军现在深圳市鸿鑫工业园有限公司就业。

图1　2022年9月7日,帮扶干部黄白常和戚小云入张稳德户了解张星艳

就业情况并推送就业信息

图2　2022年9月25日,帮扶干部许莲波对山新村脱贫户张振喜户享受雨露计划补助

学生毕业未就业人员张斌进行工作推荐、职业指导

图3　2022 年 10 月 16 日,帮扶干部于仁永在山新村对帮扶对象
裴焱(裴幸利户)推荐工作,进行职业指导

(三)落实稳岗就业相关政策

为促进脱贫劳动力及雨露计划毕业生实现就业,防城港市港口区实施一系列的稳岗补贴政策。

2021 年港口区实施跨省务工交通补贴政策,为年内跨省务工的脱贫劳动力补贴务工交通费用一次性 300 元,全年跨省务工交通补贴共发放 1.02 万元。

2022 年港口区实施稳定就业"两项补助"政策,其中跨省务工交通补助为年内跨省务工的脱贫劳动力补助一次性 300 元,全年发放补助 2.85 万元;县域内稳定就业劳务补助为在港口区内合法经营主体务工的脱贫劳动力补助每月200 元(最多不超过 3 个月),全年发放补助 42.62 万元。

三、取得成效

港口区为雨露计划毕业生、脱贫劳动力等搭建就业招聘平台推荐岗位,方便未就业的雨露计划毕业生在家门口求职择业,使雨露计划学生毕业即就业。

四、经验体会

通过摸清雨露计划毕业生底数,搭建就业招聘平台,为雨露计划毕业生推荐工作岗位,方便未就业的雨露计划毕业生在家门口求职择业;实施稳岗补贴政策,提高毕业生工作稳定性;做好跟踪监测,及时了解毕业生工作情况,做好就业帮扶。

梧州金牌就业管家"码上助"行动有力促进高校毕业生就业创业

——梧州市实施"雨露计划+"就业促进行动案例

【摘要】

为深入贯彻中央、自治区关于高校毕业生就业工作的决策部署,进一步推动公共就业服务向前延伸、提质增效,促进高校毕业生及早实现就业创业,完善高校毕业生就业支持体系,2022年6月,梧州金牌就业管家强势推出"码上助"专项行动,搭建了"码上助"服务平台,为高校毕业生提供全方位的就业创业指导服务,更好地满足高校毕业生多样化、多层次的就业服务需求。

一、案例背景

2020年,梧州市创建"金牌就业管家"服务品牌,用心用情为广大服务对象提供"管家式"的就业服务,有力稳就业保民生,托举起百姓"稳稳的幸福"。通过推行"六个第一时间"工作法,实施企业项目制招工、云端揽才式招聘、订单式就业服务、菜单式技能培训等"管家式"服务,"金牌就业管家"千方百计为企业和劳动者搭好"就业桥",有效破解招工、求职"两难"困境。"金牌就业管家"服务模式被列入2021年全区第四批改革典型经验推广落实。

二、主要做法

2022年6月,梧州市"金牌就业管家"品牌强势推出"码上助"专项行动,针对大多数高校毕业生青睐新媒体等平台进行求职创业模式的特点,创新搭建"码上助"高校毕业生服务平台。高校毕业生扫描"码上助"二维码,填写就业需求,"金牌就业管家"就业攻坚队即可实现对高校毕业生就业、创业、培训需求信息的快速反应,也可制定"一人一策",并提供"一站式"快捷办、"码上+马上"贴心办等全方位的就业创业指导服务。主要做法如下。

(一)建立"一人一档",制定"一人一策"

金牌就业管家依托广西离校未就业高校毕业生登记系统,精准掌握高校毕业生就业情况,建立"一人一档",并根据其就业创业意愿和需求制定"一人一策"帮扶措施,开展结对帮扶,通过微信公众号、政校联合、短信发送、帮扶人对接、电话回访等方式,将"码上助"行动向应届、历届高校毕业生广泛宣传,鼓励他们扫描"码上助"二维码填报就业服务需求,金牌就业管家通过"码上助"后台迅速响应,以邀请专家集中解读梧州市就业政策、调适就业心理,组织"线上+线下"各类招聘活动等方式,优先推荐岗位、优先落实政策、优先组织培训见习,帮助他们尽快实现就业。截至目前,2022届梧州籍困难高校毕业生有2 083人,已就业1 588人,根据广西离校未就业高校毕业生实名登记系统统计,2022年广西离校未就业高校毕业生共有9 656人,未就业285人,就业率达96.48%,梧州市雨露计划中高职2022年毕业学生3 991人,已就业3 763人,就业率94.29%,普通高校本科学历教育毕业学生2 264人,已就业2 159人,就业率95.36%。

(二)提供"一站式"创业指导、"陪跑式"创业培训服务

(1)根据"码上助"服务平台反馈的高校毕业生创业需求,进行综合分析,结合发展趋势为其提供梧州市国家级科技企业孵化器入驻基地、项目开发、方案设计、开业指导、融资服务、跟踪扶持等"一站式"快捷创业指导服务,并及时落实优惠政策,促进高校毕业生创意设计成果落地转化。截至目前,梧州市累计针对雨露计划学生等高校毕业生群体开设了创业培训班245期,共培训学员7 011人,拨付创业培训补贴948.3万元。

(2)根据高校毕业生的培训意愿,积极推荐培训机构提供"陪跑式"创业培训指导服务。通过引导各类院校、职业培训机构与梧州市市重点企业建立稳定的校企合作关系,以共建公共实训基地、共设专业、合办订单班和委培班等形式,组织雨露计划学生等高校毕业生参加相关职业技能(工种)培训,全面加强梧州市重点企业急需紧缺职业(工种)需求与毕业生就业技能培训的适配性,增强高校毕业生就业能力。截至目前,梧州市共针对雨露计划学生等高校毕业生开展就业技能培训 11 期,共培训高校毕业生 506 人。

图 1　梧州医学高等专科学校校园双选会

图 2　梧州学院校园双选会

图3 梧州学院人才政策宣讲会

（三）平台信息共享，落实政策稳就业

金牌就业管家通过"码上助"+"数智人社"平台实现信息共享，精准匹配在梧州市企业就业的高校毕业生，快速有效落实企业吸纳高校毕业生社会保障补贴、带动就业补贴、创业扶持补贴等各类国家补贴扶持政策，全力支持企业稳岗，促进高校毕业生稳定就业。2022年以来，梧州市共落实42家次企业共计403名高校毕业生相关补贴，补贴金额共计38.30万元。此外，梧州市还通过"码上助"+"广西人才网"平台，鼓励和推荐梧州籍雨露计划等高校毕业生参加乡村振兴村级协理员招聘计划、"三支一扶"计划等，助力其实现就业。据统计，2022年以来，梧州市为藤县招聘乡村振兴村级协理员133名，招聘"三支一扶"人员36名。

三、取得成效

梧州市金牌就业管家强势推出"码上助"专项行动，搭建了"码上助"服务平台，为高校毕业生提供全方位的就业创业指导服务。截至目前，金牌就业管家结合广西离校未就业高校毕业生登记系统,通过"码上助"服务平台已为9 000多名高校毕业生提供就业创业指导服务,累计提供服务2万多人次。

四、经验体会

"码上助"服务平台作为"金牌就业管家"服务品牌的一个载体,要始终坚持以习近平新时代中国特色社会主义思想为指导,认真贯彻落实党的二十大"实施就业优先战略,强化就业优先政策,健全就业公共服务体系,加强困难群体就业兜底帮扶,消除影响平等就业的不合理限制和就业歧视,使人人都有通过勤奋劳动实现自身发展的机会"的部署要求,各级干部群众要同心协力、久久为功,千方百计为高校毕业生提供更高效、更精准、更贴心的就业服务。服务平台数字化建设尤其需要上级有关部门的大力支持,使之成为紧扣时代脉搏、国家建设新生力量迅猛发展的强力助推器。

强化服务意识　搭建帮扶平台　实现就业愿望

——柳州市三江侗族自治县实施"雨露计划+"就业促进行动案例

【摘要】

柳州市三江侗族自治县积极贯彻落实国家乡村振兴局、教育部、人力资源和社会保障部关于"雨露计划+"就业促进行动的决策部署及自治区和柳州市有关要求,建立"强队伍、拓资源、重跟踪"就业帮扶工作机制,通过多方联动,推动雨露计划毕业生实现"稳定就业一人、巩固脱贫成果一家",坚决防止因就业困难或就业不稳导致规模性返贫问题发生。2022 年全县"雨露计划"应届大学毕业生实现 100% 就业。

一、案例背景

2020 年以来,部分行业、部分群体失业风险有所上升,脱贫人口稳岗就业压力明显加大、挑战明显增多、对就业服务需求明显增强。三江侗族自治县积极开展"雨露计划+"高校毕业生就业帮扶工作,有效引导和支持脱贫家庭新成长劳动力实现精准就业、高质量就业,巩固脱贫成果,推进乡村振兴。

二、主要做法

(一)建立"四级联动"就业帮扶工作机制

1. 加强县级抓统筹

及时调整县处级领导干部联系乡镇、脱贫村分工,以县领导到分包责任区域开展督导调研工作等方式,加强对乡镇雨露计划毕业生就业帮扶工作落实的跟进督促,先后组织召开全县"雨露计划+"就业促进行动工作布置会、推进会,定期调度就业工作。

图1　三江侗族自治县 2022 年应届毕业生就业帮扶对接会现场

2. 推动乡镇抓落实

出台乡镇干部分片包村工作方案,落实乡镇分管领导抓就业帮扶工作责任,全面掌握包村雨露计划毕业生就业底数,及时向上级主管部门推送信息,并按要求组织开展就业帮扶工作。

3. 注重村级抓跟踪

落实一名村干部分管就业帮扶工作,增加村级就业帮扶协管员,实时掌握全村雨露计划毕业生就业动态信息情况,及时向乡镇和上级主管部门进行信息共享,及时推送就业岗位信息。

4. 落实人员抓帮扶

以下发"工作令"的形式,压实帮扶干部责任,开展"一对一"就业指导帮扶,及时掌握雨露计划毕业生的就业意向,向村级反馈就业需求,全面形成"县领导+乡干+村干(驻村工作队)+帮扶联系人"的一体化就业帮扶网格化工作格局,确保应帮尽帮。

图 2　三江侗族自治县 2022 年应届毕业生就业帮扶对接会现场企业和
有就业意向的毕业生直接签约

（二）建立"1+2+3"就业帮扶运行机制

1.摸清一个底数

县人力资源和社会保障局、乡村振兴局联合下发通知,对雨露计划学生就业需求意愿、所学专业等方面情况认真摸清底数,建立"一对一"信息台账,夯实信息数据新基础。

2.建立两个平台

建立"三江县人社"微信公众号,定期发布就业岗位信息,通过依托柳州市三江侗族自治县就业驿站创建"微信群""QQ 群",以线上社群交流、微信公众号等方式,强化线上就业岗位推送匹配,达到"一传十、十传百"的推送效果。线下结合三江侗族自治县人力资源和社会保障局开展"春风行动""金秋招聘会"等活动,组织招聘企业及单位,组织县外 300 多家企业提供近 3 000 个工作岗位,县内 50 多家机关、企事业单位就业岗位 200 余个,为广大毕业生搭建桥梁,提供就业机会,实现家门口就业。

3.加强三个联动,通过政府有关部门信息联动

加强人力资源和社会保障局、乡村振兴局、教育局的协同配合,摸清脱贫家

庭新成长劳动力底数,掌握就读职业院校意愿,摸清雨露计划应届、往届毕业生就业情况底数,掌握就业需求;通过人力资源和社会保障局与企业联动,积极动员各类用工企业特别是行业龙头企业,加大岗位归集力度,拓宽岗位利用渠道,为雨露计划毕业生提供更多的就业岗位;通过企业与毕业生联动,组织企业与雨露计划毕业生召开就业推荐会,以人力资源和社会保障局搭建就业服务平台,加强用人单位与雨露计划毕业生的联动,推动雨露计划毕业生实现精准就业。

(三)建立定点帮扶和粤桂协作等岗位推送机制

根据雨露计划毕业生的就业意愿进行分类指导,充分发挥定点帮扶、粤桂协作机制等资源优势,推动实现稳岗就业。

1. 发挥资源优势,保障高质量就业

针对有省外国内就业意愿的学生,三江侗族自治县依托中央定点帮扶平台,发挥国家移民局各边检总站的资源优势,坚持线上线下同步推进,切实做好岗位推送和定向招聘,有效保障毕业生就业选择空间和稳岗就业质量。

2. 搭建信息平台,满足多样化需求

针对有广东省就业意愿的学生,三江侗族自治县深化东西部粤桂劳务协作,搭建粤桂协作用工信息平台,强化户籍地、求职地政策服务协同,提高供需匹配效率,千方百计满足雨露计划毕业生多样化就业需求。

3. 引进优质企业,加强招聘审核

针对有区内就业意愿的学生,三江侗族自治县充分发挥后盾单位力量,积极引进优质人力资源机构进驻三江侗族自治县,并定期组织开展线下招聘会,不断优化招聘信息审核和企业用工服务。

4. 全面整合资源,实施"一对一"帮扶

针对有县内就业意愿的学生,三江侗族自治县全面整合全县各级资源,完善就业政策体系建设,强化就业供需平台建设,组织召开"雨露计划+"毕业生双向选择招聘会,创新实施"一对一"帮扶,拿出60个县聘岗位专项招聘雨露计划毕业生,实现就业73人。

图 3　三江侗族自治县 2023 年雨露计划毕业生招聘会

三、取得成效

"雨露计划+"就业帮扶政策落实落地,营造良好的就业创业环境,开创稳岗就业新局面,让"雨露计划+"高校毕业生实现"家门口"就业,直接且有效地带动脱贫人口高质量巩固脱贫成果,为全面推进乡村振兴注入新活力。2022 年,三江侗族自治县"雨露计划"应届大学毕业生有就业意愿 640 人,全面实现"雨露计划+"高校毕业生 100% 就业、精准就业、高质量就业。

四、经验体会

（一）提高政治站位

强化主体责任,层层压实责任,细化工作分工。

（二）完善就业帮扶工作机制

各级各部门联动,有效提升就业帮扶工作质效。

（三）坚持强化服务意识

整合全县各级资源,建设多方参与互利共赢的就业平台,为实现脱贫家庭就业增收、促进乡村全面振兴打下坚实基础。

聚焦"守底线、抓发展、促振兴"，提升脱贫成色

——百色市实施"雨露计划+"就业促进行动案例

【摘要】

"雨露计划+"就业促进行动是促进脱贫家庭新成长劳动力更加充分和更高质量就业的有效途径。百色市把"雨露计划+"就业行动作为"守底线、抓发展、促振兴"的重要举措，健全"三早"机制，提升"三化"水平，突出"三门"联动，合力帮助雨露计划毕业生实现高质量就业，提升脱贫成色，助力乡村振兴。

一、案例背景

2022 年，国家乡村振兴局综合司、教育部办公厅、人力资源和社会保障部办公厅联合出台了《"雨露计划+"就业促进行动实施方案》，正式启动了"雨露计划+"就业促进行动，这是对脱贫攻坚成果的再巩固，对就业优先发展政策的再落实。

百色市始终聚焦"守底线、抓发展、促振兴"，严格落实"四个不摘"要求，把"雨露计划+"就业促进行动作为升级续写雨露计划"后半篇"文章和增加脱贫群众收入的重要举措。百色市健全"三早"机制，提升"三化"水平，突出"三门"联动，合力帮助脱贫家庭新成长劳动力接受职业教育，促进雨露计划毕业生实现高质量就业，稳定脱贫人口务工规模，实现脱贫人口收入持续增长，提升脱贫成色，守住了不发生规模性返贫的底线。

二、主要做法

（一）健全早发现、早干预、早帮扶"三早"监测帮扶机制，就业监测更及时

采取集中开展"雨露计划+"学生信息摸排工作、关联监测、部门预警等方

式,组织驻村第一书记、工作队员、村"两委"干部、帮扶联系人、信息员等基层工作力量,对雨露计划毕业生及其就业情况进行动态摸排更新工作,及时在全国防止返贫监测系统和衔接推进乡村振兴信息系统"雨露计划+"模块的就业状态进行数据更新,实现雨露计划在读学生人数、即将毕业人数、已经毕业人数等就业监测更及时。

（二）提升网格化、智能化、常态化"三化"水平,数据信息更精准

创新推行互助网、比对网、帮扶网防止返贫致贫"三网工作法",组建市、县、乡、村四级防贫监测预警机构,建立县、乡、村、屯"四级网格",实现雨露计划数据信息更精准。发挥网格员宣传引导、主动服务等作用,带动群众参与"雨露计划+"促进就业行动,让群众关注、宣传、动员,提高政策知晓率。以网格化服务管理为基础,通过微信公众号、网格微信群整合便民服务、政务服务、劳务服务等资源,扩大政策宣传覆盖面,常态化开展数据监测。出台《百色市开展防止返贫常态化预警监测帮扶工作制度》,将信息数据与各行业部门数据开展比对排查工作,动态更新数据信息。

（三）突出访家门、入校门、进厂门"三门"联动,政策落实更快速

组织驻村第一书记、工作队员、村"两委"干部、帮扶联系人等访家门,向脱贫家庭、防止返贫监测对象家庭的学生家长发放雨露计划补助政策宣传单,宣传过渡期雨露计划补助内容、补助时间、流程等知识。乡村振兴局、教育局、学校等联合,进校园召开宣讲会,为学生讲解过渡期雨露计划补助政策,现场解答学生的咨询。2022 年百色市累计开展政策宣讲会 339 场次,发放补助政策宣传单 135 156 份,张贴宣传板报的初中、高中达 160 所,进一步提高雨露计划政策知晓率。百色市人力资源和社会保障局、教育局、乡村振兴局等部门联合组织开展校园招聘、定向招聘、专场招聘等校企对接就业帮扶活动,将雨露计划毕业生送进厂门。2022 年百色市开展"点对点"专车服务,累计行驶专车 1 121 趟,运送 3.67 万人,其中输送脱贫劳动力和监测对象 1.44 万人。

图 1　百色市乡村振兴局志愿服务队到百色市第三高级中学开展过渡期雨露
计划政策宣传活动

图 2　2022 年 6 月 13 日,百色市、右江区乡村振兴局和右江教育局到百色市第三高级中学
开展过渡期雨露计划政策宣讲会

三、取得成效

（一）实现精准就业服务

进行分类跟踪服务，对未就业的雨露计划毕业生，建立岗位需求清单，提供就业指导、岗位信息、见习机会、职业规划等服务；对已就业的毕业生，重点关注其就业稳定性和收入情况；对已就业又失业的毕业生，开展"一对一"有针对性的就业培训；对有创业意愿的毕业生，落实特惠政策，引导他们发展生产、投身乡村建设，如深圳市携高级技工学校通过"1+2 工学结合学徒培养"模式，采取"校企"合作模式，推进新型学徒制、订单定向培训等形式，实现招生即招工，毕业即就业，2023 年一共招收百色学生 230 名。

（二）实现精准落实政策

健全雨露计划学生信息共享共用机制，统筹用好相关教育资助、就业促进和脱贫人口特惠帮扶政策，做好脱贫家庭新成长劳动力接受职业教育的组织动员、雨露计划毕业生的就业帮扶等工作，切实做到基础数据到位、补助资金到位和工作力量到位。2022 年百色市发放职业学历教育补助 8.33 万人次，共计1.17 亿元。

（三）实现精准促进就业

分类开展就业帮扶，根据毕业生的意愿和就业需求落实"一户一方案、一人一措施"。职业院校开展职业介绍、职业规划服务，引导学生继续升学或毕业就业；人力资源服务机构提供适合岗位，优先吸纳雨露计划毕业生就业；人力资源和社会保障局与相关部门广泛开展各类招聘会，为雨露计划毕业生提供就业机会。2022 年，百色市中职就业（升学）毕业总人数为 206 人，实现就业 94 人，升学（参军）112 人；高职就业（升学）总人数为 257 人，实现就业 190 人，升学（参军）67 人。

四、经验体会

"雨露计划+"促进就业行动,既能富口袋,更能富脑袋,发挥了"扶技、扶智、扶志"的作用。脱贫攻坚期间,百色市通过职业教育和"雨露计划"帮助许多贫困家庭学生圆梦大学,帮助许多贫困家庭摆脱贫困,与全国全区同步进入小康社会。过渡期以来,百色市坚决开展"雨露计划+"就业促进行动,既帮助脱贫家庭,也帮助防止返贫监测对象家庭,既解决职业教育问题,也解决就业帮扶问题,最终实现职教一人,就业一个,富裕一家。百色市将坚持精准就业帮扶,深入开展"雨露计划+"就业促进行动,努力将"雨露计划+"这项民生实事工程做实做细,让每一个"雨露生"都有出彩的机会,让享受雨露计划的家庭日子越过越红火。

发挥"雨露计划+定向培养"治本功能
阻断贫困代际传递

——桂林市实施"雨露计划+"就业促进行动案例

【摘要】

贫困学子是家庭的希望,祖国的未来。"雨露计划+定向培养"的模式通过缓解经济压力、订单式培养、实训合作和提供就业岗位的方式,有效激发贫困学子脱贫致富的内生动力,阻断贫困代际传递,较好地实现了扶贫和扶志相结合,为乡村振兴提供人才支撑和持续动能。该模式可供借鉴的经验主要有两点:第一,创新"雨露计划+就业"模式,需要加强校地合作,形成多方资助合力,从而探索出多元化贫困生资助途径;第二,该模式帮助贫困学子顺利实现就业,克服就业恐慌,走出就业困境,能提升贫困群众对帮扶工作的满意度,培养贫困生积极向上和感恩的精神。

一、案例背景

技能和文化缺失是形成贫困的重要原因,贫困家庭子女往往因为经济困难,受教育程度不高,无法提高自身技能和知识水平,导致可持续发展能力不足,贫困代际传递明显。

精准有效的雨露计划能够帮助贫困学子减轻经济压力,订单定向式培养则能够为贫困学子搭建就业平台,提供就业岗位,促进就业,"雨露计划+定向培养"模式探索出了一条持续巩固脱贫成果、阻断贫困代际传递的新道路。

恭城瑶族自治县平安镇和平村虎溪屯向群光一家 6 口人,与父母一起生活,两女均在学校读书。收入的主要来源是种植业,经济负担较重,其女向嘉欣在恭城高中读书,2019 年以优异的成绩考入广西科技大学临床医学专业,接受定向培养计划。向嘉欣就读期间享受雨露计划和免费就读政策,毕业后在恭城瑶族自治县人民医院接受全科医生规范化培训,与恭城瑶族自治县人力资源和社会保障局签订定向就业协议。

二、主要做法

(一)建立明确的规章制度

指导"雨露计划"工作有序开展。科学有效的规章制度是确保"雨露计划"工作开展的直接依据,恭城瑶族自治县乡村振兴局根据中央、省、市的文件精神制订了雨露计划实施方案,明确了补助对象和补助标准,理顺补助审核发放流程,制定就业动态跟踪机制,压实镇、村执行落实责任,依据实际督促考核工作进度,为"雨露计划"落实落细提供了依据。

(二)发挥结对帮扶宣传作用,精确瞄准贫困学子

2019 年向嘉欣在高考中考出优异的成绩,但考虑到专业选择、就业前景以及家庭经济状况,向嘉欣一筹莫展、陷入迷茫。得知向嘉欣的情况后,和平驻村工作队联合村"两委"干部随即对建档立卡脱贫户向群光户开展了走访摸排,迅速掌握第一手资料。了解到向嘉欣对医学感兴趣、对读书期间的经济压力担忧以及对未来就业的担忧等情况,驻村工作队向向嘉欣及父母有针对性地介绍了"雨露计划"的优惠政策以及医学生代付学费、订单式培养、实训合作、定向就业的人才培养模式。

(三)严格补助审核流程,确保政策落实生根

向嘉欣的入学及就读情况一直是和平驻村工作队及村"两委"干部所关心的事情。2019 年向嘉欣被广西科技大学医学院录取,与恭城瑶族自治县人力资源和社会保障局签署定向就业协议,在收到平安镇政府下发的全国"防返贫"监测系统提供的贫困学生学籍信息后,驻村工作队积极引导向嘉欣申请"雨露计划",严格按照学生本人或家庭申请—村级确认—镇级初审—县级审核—结果

公示的程序操作,确保资金到位,应补尽补,三年一共发放补助9 000元,真正做到真扶贫、扶真贫。

（四）建立跟踪服务，确保顺利实现就业

及时了解向嘉欣的学习情况和生活动态成了驻村工作队及帮扶联系人每个月必须要完成的事情。驻村工作队及帮扶联系人通过定期走访入户、电话调研、微信联系等方式与向嘉欣保持联系,帮助向嘉欣答疑解惑,鼓励其努力学习,增长专业技能,为未来能够顺利就业打下良好的专业基础,为建设健康广西贡献自己的力量。2022年,向嘉欣顺利毕业,同年在恭城瑶族自治县人民医院进行助理全科医生规范化培训,培训结束后按照协议就职于平安镇瑶医医院,按照政策享受相关待遇,顺利实现就业。

三、取得成效

（一）依托专业技能，贫困学子内生动力显著增强

扎实的专业技能是激发贫困学子内生动力的重要组成部分,能否顺利实现就业不仅取决于文化程度,还离不开自身的专业技能。向嘉欣就读的临床医学专业是基层医疗卫生机构紧缺的实用型专业,恭城瑶族自治县人民医院提供的实训平台能帮助其强化临床医学技能,较强的专业技能能确保其在就业中占据优势地位。向嘉欣完成规范化培训后就职于平安镇瑶医医院,工资收入随着专业技能的提高和工作年限的增加不断增加,能较大程度改善生产生活条件,缓解家庭经济困难,实现"输血"和"造血"有效结合,内生动力显著增强。

（二）发挥"雨露计划+定向培养"政策乘数效应，实现多方受益

向嘉欣就读期间,雨露计划帮助其解决了生活上的困难,克服忧虑情绪,能让她一门心思扑在专业学习上,为以后就业做好充足准备。入学即就业的定向培养模式,既为贫困学子搭建就业平台,提供了深入基层锻炼的机会,缓解了就业压力,阻滞返贫风险,又为基层医疗卫生输送高质量的专业技能人才,充实本

土化人才培养资源库。"雨露计划+定向培养"模式有效发挥政策组合拳的乘数效应,实现个人受益、家庭受益和社会受益的多赢局面。

图 1　向嘉欣在工作岗位上

图 2　向嘉欣与同事一同讨论病例

四、经验体会

（一）创新"雨露计划+就业"模式，形成多元化贫困生资助途径

开展"雨露计划+定向培养"模式需要加强校地结合，形成资助合力。一方面需要强化地方政府的责任意识，地方政府要加强履约的职责，在政策宣传、协调沟通、人才需求、人才规范化培训、人才履约待遇方面发挥主导作用；另一方面高等院校要树立以就业为导向、以服务社会为办学宗旨的教学理念，按照培养目标和基层卫生工作需要，制订完善的教学计划，规范定向培养全过程，为培养合格的医学生提供智力支持和平台支撑。

（二）提升贫困群众对帮扶工作的满意度，培养贫困生积极向上和感恩的精神

一方面，"雨露计划+定向培养"模式不仅在短期内缓解了贫困家庭的经济压力，长远来看还向贫困家庭输送了智力源泉和持续增收能力，提供了帮助贫困家庭学生成长成才的教育平台，为其未来实现顺利就业铺平了道路，有效提升了贫困群众对帮扶工作的满意度；另一方面，贫困生可能因为家庭经济情况不理想和无法顺利实现就业而产生消极和自卑的心理，在成长的关键时刻，"雨露计划+定向培养"模式能让其感受到来自党、政府、学校的资助和关心，通过雨露计划给贫困学子送信心、送志气，帮助化解困难和挫折，成就读书成才梦想，有利于帮助贫困生养成乐观向上的工作生活态度，提升获得感和幸福感，增强感恩意识。

第二部分

寒门学子受助"雨露计划+"
奉献社会篇

第四章 "雨露计划+"搭建就业直通车

"雨露计划+"助力脱贫学子圆军营梦 变身 "国土卫士"

——南宁市上林县温哥华受助"雨露计划+"实现就业案例

【摘要】

温哥华,南宁市上林县大丰镇云温村云温庄人,2016 年 9 月在"雨露计划"的资助下,顺利进入柳州城市职业学院建筑装饰工程技术专业学习。两年后,温哥华应征入伍,圆梦军人,退役后继续完成学业。"雨露计划+"就业促进行动,为温哥华搭建了就业直通车,温哥华现在上林县镇圩瑶族乡国土规建站工作。

一、案例内容

温哥华是南宁市上林县大丰镇云温村云温庄人,家有父母、爷爷、妹妹 5 人,爷爷年迈体弱,全家只靠父母务农和打零工维持生计。开展脱贫攻坚工作后,根据国家政策,他们一家被识别为建档立卡贫困户。

2016 年 9 月,温哥华进入柳州城市职业学院建筑装饰工程技术专业学习。温哥华进入大学后,帮扶干部多次到他家了解孩子入学后的实际困难,并帮助其申报了"雨露计划",切实缓解了家庭教育的经费压力。帮扶工作启动以来,国家一系列的扶持政策给他家的生活条件带来很大变化,也使温哥华的世界观、人生观、价值观有了新的认识,更加坚定地实现自己的理想目标。温哥华从小就有参军报国的梦想,并在心中不断发芽。2017 年 9 月,温哥华如愿入伍,到部队接受血与火的锤炼,充实自己的青春芳华。两年的部队经历,让他收获很多,不只是身体和知识上的进步,更为重要的是意志的磨炼,使他能够更好地适应社会,更加明确人生目标。2019 年 8 月,温哥华以优异的成绩从部队顺利退伍,重返学校的他已不再是当年的羞涩青年,而是以意气风发、昂首阔步的姿态继续战斗着的战士。生活上,他坚持"退伍不褪色"的信条,一直保持着良好的生活习惯;学习上,他严格要求自己,努力学习理论知识和职业技能,对专业课、实践技能学习热情高,积极参与主动探索,理论知识和实践技能都获得了老师和同学们的一致好评;思想上,他积极上进,热爱共产党,一心向党靠拢,为今后的人生道路打下了坚实的基础。

2021 年 6 月,温哥华顺利毕业,同年考上了上林县镇圩瑶族乡国土规建站,进入国家体制内工作,虽然刚入编入职,但所学专业技能终于有了用武之地,这让他每天工作都充满热情,像一块不断吸收水分的海绵,在工作中不断充实自己,帮助别人。虽然每月工资不多,但作为一个刚走出校园的毕业生来说,他感到非常欣慰,这是他通过努力学习和辛勤工作获得的,这些收入也逐渐改善了家里的经济情况。他将不懈奋斗,带着军人精神,迎接未来的种种考验,相信未来的路会越走越好。

图 1　温哥华在部队训练

图 2　温哥华(右一)与国土部门工作人员对农户住宅面积进行测量

二、经验体会

　　"雨露计划"作为教育资助政策之一,在巩固脱贫攻坚成果中发挥了重要作用,缓解了脱贫家庭学子教育就学压力,提升了学生们学习专业技能的信心和决心,帮助脱贫家庭学子得以顺利完成学业,提升了专业技能,并依靠一技之长,谋得工作岗位,为家庭巩固脱贫、持续增收起到了重要作用。

　　就业是民生之本,就业稳定,才能收入稳定,人民群众才能生活得有底气、有干劲。就业是巩固脱贫攻坚成果的基本措施,实现就业,提升就业技能是关键。增加就业是脱贫户最有效最直接的增收方式。目前,正在开展的"雨露计划+"就业促进行动,进一步由职业教育环节延伸到就业帮扶环节,为脱贫家庭(含防止返贫监测对象家庭)新成长劳动力提供就业帮扶,让"雨露计划"毕业生实现更加充分、更高质量的就业,为巩固拓展技能脱贫成果,全面推进乡村振兴提供更有力的人才支撑。

"雨露计划+"就业促进行动个人案例

——南宁市邕宁区施金燕受助"雨露计划+"实现就业案例

【摘要】

施金燕,女,壮族,邕宁区中和镇那才村那才坡居民,2019年实现家庭脱贫。在"雨露计划"的资助下,施金燕自2017年秋季学期起,每学年享受"雨露计划"补助3 000元,直至2020年从广西金融职业技术学院会计专业顺利毕业。施金燕毕业后,通过"雨露计划+"就业促进行动,为其搭建了就业直通车,现任邕宁区中和镇社会保障服务中心工作人员,从事就业帮扶方面的工作。

一、案例内容

家住邕宁区中和镇那才村的施金燕,自幼与叔叔、奶奶共同生活,奶奶年事已高生活不能自理,家里只有叔叔一个劳动力,她家的经济收入主要是种植业(糖料蔗、水稻),叔叔农忙时伺候田地,农闲时外出打零工。在村里,施金燕的家境一般。2017年8月,高中毕业的施金燕被广西金融职业技术学院会计专业录取。拿到录取通知书的她心里百感交集,如何抉择成了压在她心里的巨石。对于家人而言,施金燕能被大学录取,他们是满心欢喜的,但又是忧心的,施金燕未来就读大学的开销成为全家人绕不开的障碍。家里的房子急需翻修,又想扩大种植规模,造成家中人手紧缺,家里人算了一笔账,小施一年的学杂费和生活费得一万多,三年大学就得4万多,这些钱得精打细算抠出来,一家子商议后,还是以孩子前途为大,劲往一处使,先让孩子完成学业。

施金燕大学入学当年,"雨露计划"政策已经出台几年,并层层宣传到位,帮扶干部和各个村委会成员已经成为"雨露计划"政策宣传的主力军。得知施金燕收到大学录取通知书,帮扶干部第一时间和小施及其叔叔取得联系,对"雨露计划"政策进行了及时、详尽的讲解,在知晓建档立卡贫困户的子女就读中、高等职业院校期间,只需要填报相关表格就可申请到国家扶贫补助后,小施一家如释重负。随后,小施就读期间的每个学期,帮扶干部都会与小施对接,了解其在校就读情况,让其及时填写"雨露计划"申请材料报送至村委,由村委上报中和镇乡村振兴工作站,中和镇乡村振兴工作站汇总表格名单后统一上报邕宁区乡村振兴局社会扶贫股,完成"雨露计划"的全部申报手续。这样,每学期,施金燕家都能按时收到 1 500 元的"雨露计划"补助款,从 2017 年 9 月入学到毕业,小施家共计收到了 6 个学期共计 9 000 元的补助。

小施回忆:"在学校里面有很多像我这样的建档立卡户子女,2017 年拿学籍证明去给学校盖章时需要帮扶干部确认建档立卡户身份,2018 年后只需帮扶干部确认就能办理了。"有了"雨露计划"的涓涓细流,加上家人勤勤恳恳的劳作供读、亲戚朋友的帮忙以及自己的不懈努力,施金燕 2020 年 6 月顺利从广西金融职业技术学院毕业。

毕业不等于就业,面对竞争日趋激烈的就业形势,施金燕没有好高骛远。针对建档立卡家庭户大学应届生,2020 年邕宁区人力资源和社会保障局积极推动、落实出台一系列保民生稳就业的政策。在施金燕具有应届毕业生身份的这一年里,既有帮扶干部一直以来的关心过问,也有镇村两级就业专员不厌其烦进行岗位推介。施金燕乘着这股政策的东风,进入邕宁区中和镇社会保障服务中心工作,成为编外合同制工作人员,并且凭着扎实的专业功底和 2 年多的磨砺锻炼,迅速成长为单位就业工作方面的骨干。

在"雨露计划"政策的资助下,施金燕圆了大学梦和就业梦,虽然工资不高,但却完全能够自食其力实现经济独立,成为家里的骄傲,并能够依靠自己的工作特长,为父老乡亲提供便捷高效的服务。谈起自己的未来职业规划,小施很自信,她说:"要继续参加各类公职招考,争取成为一名编内人员,还要继续读个本科。能有今天,离不开家人的支持和帮扶干部的关心,更与国家'雨露计划'资助政策的帮扶分不开,如果没有'雨露计划',我可能早早就到社会上飘荡去了,可以说,'雨露计划'就是我读大学,完成人生职业理想的甘霖。"

图 1　施金燕同志（左二）在开展就业政策宣传

图 2　施金燕同志（右一）开展返乡创业补贴核实工作

二、经验体会

一人就业、全家脱贫，增加就业是最有效最直接的增收方式。"雨露计划"缓解了脱贫家庭学子就读大中专、技工院校的就学压力，提升了学生们学习专业技能的信心和决心。2022 年，根据相关文件精神，邕宁区进一步将"雨露计划"的支持范围由职业教育环节延伸到就业帮扶环节，为脱贫家庭（含防止返贫监测对象家庭）新成长劳动力提供就业帮扶，让"雨露计划"毕业生实现更加充分、更高质量的就业，为巩固拓展技能脱贫成果，全面推进乡村振兴提供更有力的人才支撑。

"雨露计划"润心田　寒门学子踏锦程

——柳州市东泉镇曾咏健受助"雨露计划+"实现就业案例

【摘要】

曾咏健,柳州市东泉镇西安村黄家屯居民,2019 年在"雨露计划"的资助下,顺利进入广西民族大学人民武装学院行政管理(国防教育与管理培养模块)专业学习,经过自身努力,以优异的成绩于 2023 顺利毕业,并先人一步与广西路建工程集团有限公司签订就业合同,实现未毕业已就业。

一、案例内容

曾咏健,单人户,柳州市东泉镇西安村黄家屯居民,由于家境困难,曾咏健和父亲按程序被识别为建档立卡贫困户。他从小就在读书能改变命运的理念中成长,一直是别人家优秀的孩子,但在其读高中时父亲因病去世,父亲的离世使其更加坚定这个信念。在父亲离世后,他与年迈的爷爷奶奶共同生活。帮扶干部及镇扶贫办针对曾咏健的家庭实际情况从低保和教育上为他制定了详细的帮扶措施,曾咏健家于 2020 年实现脱贫。

2019 年秋曾咏健以优异的成绩考入广西民族大学人民武装学院行政管理(国防教育与管理培养模块)专业,正好赶上本科也可以享受"雨露计划"补助政策。"雨露计划"在一定程度上缓解了曾咏健的家庭经济压力,让其能安心进校学习,"雨露计划"的实施也让曾咏健意识到不仅要努力学好专业知识,更应该充分利用大学的平台提升自身技能。打铁还需自身硬,花开蝴蝶才会来,在毕业后能找到一份好的工作,才有能力回报帮助过自己的人,回报社会,去帮助更多需要帮助的人。

曾咏健于 2019 年获得雨露计划补助 5 000 元,并获得助学贷款、助学金等扶持政策,在党和国家的关怀和各种资助政策的支持下,该同志不甘平凡,奋发图强,在校期间不断追求卓越,注重提高自身专业技能水平,热衷志愿服务,积极参加实训活动及各项国家级、自治区级大赛,并获得了优异的成绩,为大学毕业就业拓宽了道路,他凭借自己过硬的专业素养和技能,2023年先人一步与广西路建工程集团有限公司签订就业合同,一毕业就上岗就业。

自2019年入学后,曾咏健在多个职位磨炼自己,使自己成长,曾担任过校团委学生干部、国旗护卫队团支部书记兼会长、学校新生军训教官、学院文体部部长、班长、志愿服务队副队长等多种职务,为学校做出突出贡献。2021年6月曾咏建加入了中国共产党,2022年5月12日,作为广西优秀青年代表中唯一的一名大学生代表,曾咏健参加了广西学习贯彻习近平总书记在庆祝中国共产主义青年团成立100周年大会上的重要讲话精神座谈会,并向自治区党委书记和自治区主席等领导班子做汇报,如图1、图2所示。2023年曾咏健还作为志愿者利用自己的专业知识回到家乡武装部服务帮忙。

经过自身努力,曾咏健在校期间获得众多荣誉,获得国家级荣誉有:2020年第五届中国青年志愿服务项目大赛国家级银奖、2021年中国大学生自强之星、第七届中国国际"互联网+"大学生创新创业大赛国家级银奖、第十三届"挑战杯"中国大学生创业计划大赛国家级银奖、湄澜六国民族地区社会创业国际大赛三等奖、全国最佳志愿服务项目奖;获得的自治区级荣誉有:广西优秀共青团员、广西优秀毕业生、"互联网+"创新创业大赛金奖、2022年"挑战杯"大赛广西金奖、广西最佳志愿服务项目奖等;获得的校级荣誉有:优秀学生会干部、优秀共青团干、学术科研奖、文体优秀奖等。

想到这一路获得的帮扶,自己这么多年的努力有了回报,这让曾咏健更加感恩,也很欣慰自己长成对国家、对社会、对人民有用的时代青年,他说:"我们都是追梦人,都在奋斗的道路上拼命奔跑,希望在这该奋斗的年纪,不负青春、不负韶华、不负时代、不负国家!"

图 1　曾咏健参加广西学习贯彻习近平总书记在庆祝中国共产主义青年团
成立 100 周年大会上的重要讲话精神座谈会

图 2　曾咏健向自治区党委书记和自治区主席等领导班子做汇报

图3 曾咏健获得第七届中国国际"互联网+"大学生创新创业大赛国家级银奖

图4 曾咏健获得第十三届"挑战杯"中国大学生创业计划大赛国家级银奖

图 5　曾咏健获得广西最佳志愿服务项目奖

二、经验体会

　　"雨露计划+"就业促进行动旨在提升脱贫家庭新成长劳动力的技能水平，培养技能型人才，帮助雨露计划毕业生实现更充分、更高质量的就业，促进家庭持续稳定增收。柳城县东泉镇自开展"雨露计划"工作以来，坚持扶困以扶志扶智为导向，着力"雨露计划+"精准帮扶，营造浓厚的氛围，围绕明底数、圈重点，有针对性地落实政策，2012—2022 年，柳城县东泉镇建档立卡家庭学生获得"雨露计划"教育补助 1 267 人次共计 199.06 万元，劳动力短期技能培训补助 203 人次共计 16.24 万元，通过"雨露计划+"政策，为巩固拓展脱贫攻坚成果、推进乡村全面振兴注入新的动力，带来了一人就业全家有奔头的喜景，曾咏健就是"雨露计划"的逐梦者，将阔步踏上锦程。

"雨露计划"伴我一路前行

——柳州市三江县"雨露计划"帮扶典型案例

【摘要】

吴苏蕤,1999 年出生于广西柳州市三江县八江镇的一个农村家庭,在"雨露计划"的资助下,2022 年于广西工商职业技术学院顺利毕业,又在"雨露计划"就业促进行动中,搭乘就业直通车,成为柳州市三江县八江镇马胖村乡村振兴村级协理员。

一、案例内容

吴苏蕤是柳州市三江县八江镇居民,她从小乖巧懂事,积极帮忙干些力所能及的事,努力减轻父母的负担。因为从小学到初中都顺风顺水,高中时遇到学习上的压力时,吴苏蕤不能正确调整好压力与动力之间的转化,导致高二开始成绩直线下滑,最终只上了一个大专院校。得知高考成绩后,她深受打击,想再复读一次。但是复读生所承受的压力远远大于普通高考生,再加上家庭条件困难,复读一年的学费就需要一万多元,对于建档立卡户的他们是承受不住的,综合考虑之下,吴苏蕤决定放弃上学之路,进入社会赚钱。帮扶人得知这一情况后,立马跑到吴苏蕤家里安抚她的心,并向其宣传了"雨露计划"资助政策和助学贷款政策,鼓励她不要就此放弃学习之路,于是吴苏蕤重拾自信,报考了广西工商职业技术学院,最终被录取成为会计系的一名学生,她成为"雨露计划"第一批受益对象,家中的产业发展也为家里增加了收入,"雨露计划"一定程度上缓解了家庭的经济压力,让她不止于高中文化,不止于小县城的认知,助其踏上了新征程!

上了大学的吴苏蕤清楚地认识到她的学习机会来之不易,于是她认真学习技能,认真学习课本知识,积极参加课外活动,经过一次次的面试考核,最终成功入选了学校的篮球协会、艺术团的声乐队以及院记者团这三个她喜欢的社团,她知道她的基础比别人差,于是每次都会通过各种方式进行一遍又一遍地练习,终于取得了理想的成果,学习成绩在班级前五,在社团活动方面也取得了社团部长们的一致好评。

2022 年吴苏蕊顺利从学校毕业,凭着优异的成绩,进入广西建工大都租赁有限公司实习。在实习期间,吴苏蕊努力地学习实践技能,积累工作经验,并把所学到的知识运用到工作中,公司财务部的员工都喜欢这个勤奋扎实的小女孩。实习期结束后,吴苏蕊又凭借自己扎实的业务能力,顺利入职南宁市一九九五网络科技有限公司,正式成为企业的一名工作人员。工作之后,吴苏蕊没有放松,她不仅在工作岗位上继续踏实奋斗,对专业知识的学习也是一刻也不懈怠,一直在努力备考专业证书。一次偶然机会,吴苏蕊看到了乡村振兴协理员的招聘公告,她认为这是一次建设家乡的好机会,不仅能让自己在学中干,在干中学,将所学所获用于实践,用于乡村建设,为家乡变得越来越好奉献出自己的一份力量,而且工作单位离家近,于是她决定报考这个岗位。为了这次机会,她还专门提前一个月离职,并全身心投入到复习中去,终于功夫不负有心人,在2022 年 12 月 5 日正式签订为期两年的合同,对于这个 24 岁的小姑娘来说,自己的职业生涯也算是实现了"开门红"。吴苏蕊现在每月收入三四千元,家里也发展得越来越好,家庭收入每年持续增长,实现了稳定脱贫增收。

"雨露计划"的出现以及国家相关政策的扶持,使吴苏蕊一家于 2018 年底顺利脱贫。"雨露计划"政策的出台,不仅更好地帮助吴苏蕊完成学业,也渐渐地让吴苏蕊认识到自己应该更加地努力学好知识,提升技能,将来努力工作,不仅要回报帮助过自己的人,也要回报这个社会,去帮助更多需要帮助的人。

吴苏蕊说:"感谢党和国家的脱贫政策,感谢每一个在我成长道路上伸出过援手的人。成为一名村级乡村振兴协理员,既是责任,也是荣耀,我很喜欢这份工作,它能帮助家乡建设美好家园,能为村民解决困难,能够提升个人能力。希望家乡越来越好!"

图 1　吴苏蕊深入群众，与脱贫户交流了解其生产生活情况

图 2　吴苏蕊与村党支书开展巡田工作，了解村民产业发展情况

图 3　吴苏蕤在工作岗位认真工作,整理村级相关工作档案材料

二、经验体会

就业是民生之本。就业稳定,才能收入稳定。"雨露计划"通过开展从教育补助入手,为脱贫家庭新成长劳动力接受职业教育提供便利,帮助脱贫家庭新生劳动力实现更加充分、更高质量的就业,实现脱贫家庭就业增收,巩固脱贫攻坚成果,稳定毕业生就业形势。

感恩"雨露"寄希望 点燃梦想的光亮

——荔浦市刘丽华受助"雨露计划+"实现就业案例

【摘要】

家住荔浦市大塘镇花岗村的刘丽华,在"雨露计划"的资助下,2016 年顺利进入广西幼儿师范高等专科学校学前教育专业学习,后升入广西师范学院学前教育(专升本)专业学习,并于 2021 年 7 月毕业。"雨露计划+"就业促进行动,为刘丽华搭建了就业直通车,刘丽华目前是荔浦市语言教育机构的一名培训老师。

一、案例内容

2013 年底,刘丽华的父亲为了生计,在山上开挖窑洞时,突然遭遇意外导致双下肢瘫痪,至今生活无法自理。变故发生后,家里的主要劳动力倒了,家里上有老下有下小的千斤重担全压在了她的母亲身上,只能依靠母亲种植马蹄和养猪作为经济来源,苦苦撑起贫困的小家。

由于家庭条件困难,2014 年刘丽华一家按程序被识别为建档立卡贫困户,为了能够给刘丽华的家庭带来持续性的收入,帮扶干部针对刘丽华家庭的实际情况,从产业和教育上为他们制订了详细的帮扶计划并加以实施。刘丽华家将目光转向了养猪行业,但彼时因缺乏养猪技术和经验,吃了不少亏。荔浦市相关技术单位的专家见状倾囊相授,大大激发了刘丽华母亲韦小玲养猪脱贫的内生动力;刘丽华也申请国家"雨露计划"相关资助政策,成为"雨露计划"的补助对象,在读期间,累计获得"雨露计划"补助 14 000 元。同时产业发展也为家里增加了收入,2018 至 2019 年,母亲韦小玲每年都获得了 5 000 元的产业奖补,总计 10 000 元。"雨露计划""产业奖补"政策,使刘丽华家里的日子越过越好,生活越来越有盼头。她无时无刻不感叹："感谢的国家的政策,让全家于 2018 年顺利脱贫,过上了踏实的好日子!"

在家庭遭遇重大打击,致使刘丽华想要放弃学业放弃梦想时,"雨露计划"政策的出台,让她重新看到了生活的希望,帮她点燃了梦想的光亮,也让她认识到国家对职业教育的重视和扶持力度,她把这一切看在眼里,记在了心上。为了让父母少些担忧,她更坚定自己应该努力学好知识,提升技能,并依靠一技之长,谋得工作岗位。不仅要好好地孝敬父母家人,也要回馈这个社会,去帮助更多需要帮助的人。2016 年 9 月开始,刘丽华获得了"雨露计划"的资金支持,顺利进入广西幼儿师范高等专科学校学前教育专业学习,后升至广西师范学院学前教育(专升本)专业,并于 2021 年 7 月顺利毕业。2021 年,刘丽华依靠自身扎实的专业功底和努力奋斗,成功入职荔浦市第二幼儿园。在工作期间,刘丽华努力学习实践技能,积累工作经验,并把所有学到的知识运用到工作中。如今,刘丽华已经实现经济独立,成为令同龄人羡慕的"辛勤园丁"。稳定的就业改善了家庭条件,为家庭巩固脱贫、持续增收起到了重要作用。

面对残酷的现实时,刘丽华曾哭过,试法逃避过,也曾多次扪心自问:难道就因为变故带来的打击,就要放弃学业,放弃梦想吗? 刘丽华的答案是:不! 虽然残酷的现实依然摆在眼前,但是自己不想选择自甘堕落地苟活。

父亲瘫痪,母亲不辞辛劳地撑起这个家。刘丽华家因此多次被评为文明家庭,刘丽华的母亲也曾被评为桂林市道德模范,在困难面前,母亲对家庭不离不弃,在清贫的日子里艰苦奋斗着,这种不向困难低头的精神,让刘丽华引以为傲! 母亲的坚强和勇敢,为女儿树立了榜样。

成年后的刘丽华,开始学着承担更多。刘丽华把每一天的生活都安排得满满当当,刘丽华在广西幼儿师范高等专科学校学习时,曾担任学校广播站站长、系部年级干事、班级学习委员。每逢寒暑假回家,刘丽华都会参与荔浦市志愿者协会举办的传统文化国学班和夏令营的支教以及贫困生走访活动。刘丽华假期在培训班担任代课老师,一边学习一边积累自己的教学经验。大学毕业后她也积极备考心理咨询师证。如今,刘丽华在语言教育机构工作的同时,空余时间也会积极参与到公益社团活动以及育儿心理公益课堂当中。在学习和工作上的种种小成就,也让她变得更加自信。

2022年9月,刘丽华受邀到荔浦市大塘镇人民政府开展荔浦市乡村振兴专题宣讲活动。宣讲会上刘丽华声情并茂地讲述了多年来在精准扶贫政策的帮助下,自己的生活和家庭发生的积极变化,全家人也逐渐从消极状态中走出来。刘丽华说:"我该庆幸我家是精准扶贫的对象、自己是国家好政策的一个受益者,我能收获它所带来的积极的影响、真情与感动,还有爱和温暖。相比9年前,我的内心更饱满、丰实,我也更理解'感恩'的真实含义。生活中有怜悯与不公,也有恩赐与考验,常怀感恩的心,生活便处处充满阳光。"

图1 刘丽华受邀到大塘镇人民政府开展荔浦市乡村振兴专题宣讲活动

二、经验体会

一人就业、全家脱贫,增加就业是最有效最直接的增收方式。"雨露计划"作为教育扶贫政策之一,在精准扶贫中发挥了重要作用。通过"雨露计划"就业促进行动的实施,让更多脱贫群众享受到政策,学习到更多知识技能,实现更好就业,实现人生价值。

对于刘丽华来说,这样的一段人生经历,伴随而来的不全是消极的影响。于苦难中学会坚强、独立和成长;在窘迫和无助时学会咬牙坚持,踏踏实实去做好生活中的每一件事情。心怀感恩,自立自强,尽己之力去关心、去帮助周围的人,把爱和正能量传递得更深、更远!

资助政策，让他的梦想扬帆起航

——桂林市龙胜县谭杨旺圆梦

【摘要】

家住龙胜各族自治县马堤乡芙蓉村的谭杨旺，男，苗族，2013年在"雨露计划"的资助下，顺利进入北海市卫生学校护理专业学习，2016年7月顺利毕业。在"雨露计划+"就业促进行动中，谭杨旺搭乘就业直通车，成为桂林市南溪山医院的一名男护士。"雨露计划"资助政策帮他走出大山，圆了"职大"梦和就业梦，如今他已经经济独立，成为令同龄人羡慕的"白衣天使"。

一、案例内容

谭杨旺是家里的长子，父亲谭斌现年53岁，母亲杨银松现年49岁，双双在家务农，下有一个妹妹就读小学，上有70多岁身患长期慢性病的爷爷奶奶需要赡养照顾。谭杨旺的家境比较困难，他家的经济收入主要来源于种植2亩水稻，养殖生猪3~5头，父母农闲时在村子周边打零工，一年到头除开一家人的开销和爷爷奶奶的医药费，并没多少结余。

2013年8月，高中毕业的谭杨旺被北海市卫生学校护理专业录取，收到通知书的他心里百感交集。对比考出好成绩又被录取的高中同届优秀同学，再对比放弃就读高中早早就业，现已穿红戴绿的初中同学，他看着手里的录取通知书，再看看家里十几年都没变化的土木结构主房，再想想家中辛苦劳作的父母，谭杨旺陷入了迷茫，是去读自己喜欢的护理专业，还是及早外出务工为父母减轻负担，如何抉择成为压在他心里的巨石。

得知儿子被专科学校录取了，还是他从小喜欢的护理专业，谭斌夫妻满心欢喜，但又忧心不已，就读职校的开销是一家人绕不开的障碍。家中老人已经年迈，小女儿尚且幼小，都需要夫妻二人照顾，算一算，儿子一年的学杂费得四千多,每学年的生活费也得一万多,三年大学就是4万多,这些钱得精打细算抠出来。然而儿子的前途才是大事,夫妻俩商量后,一致决定全力支持谭杨旺去职校学护理,一家子劲往一处使,就是找亲戚借钱,去银行贷款也要让孩子完成学业。

沈佳玉当时既是芙蓉村党支部书记,也是芙蓉村片区"雨露计划"的负责人。得知谭杨旺收到了北海市卫生学校的通知书后,沈佳玉第一时间入户了解情况,对国家的"雨露计划"政策进行了及时、详尽的讲解。得知建档立卡贫困户子女就读中高等职业院校期间,只需要填报雨露计划申请表就可以申请到补助,谭斌夫妇如释重负。随后,每个学期,谭杨旺都会把填好的雨露计划申请表交给沈支书,由沈支书将表格统一盖好村部印章,交给乡里负责"雨露计划"的同志,就完成了农户的全部申报手续。这样,每学期开学前,谭杨旺的银行卡都能按时收到1 500元的"雨露计划"补助款。从2013年9月入学到毕业,谭杨旺家总计收到了6个学期9 000元的补助。结合谭斌家上有老下有小,无法外出务工,以及村子和周边许多家庭都计划新建装修房屋的实际情况,沈支书特别向谭斌推荐了"雨露计划"短期技能培训项目中的砌筑工项目。经过谭斌认真学习,刻苦钻研,他顺利完成了培训项目,并且获得了相关证书。目前,谭斌已经成为芙蓉村远近闻名的砌筑工大师傅,经过他承包的工程项目已经不下10个,这也为他的家庭带来了可观的收入。

在"雨露计划"补助资金的支持下,2016年7月,谭杨旺从北海市卫生学校护理专业顺利毕业。靠着扎实的专业功底,谭杨旺以优异的成绩应聘上桂林市南溪山医院,并且通过自己的努力学习,迅速成为一名令同事认可、患者放心的合格护士。他一贯勤俭节约,艰苦朴素,是父母的骄傲,并为自己能够依靠专业特长向家乡的父老乡亲提供健康服务而倍感自豪。

目前,他被分配到了桂林市南溪山医院的医技科手术室工作,每月工资含绩效共计7 000元,工作稳定,落稳了脚跟。谭杨旺说:"没有接着读专升本我很后悔,但是可以早点出来工作为父母分忧,我又觉得自己没有做错,放弃了北上广深一线大城市的各种发展的可能性,回到老家桂林,能就近照顾父母,心里也很坦然。虽然现在的工作很繁重,夜班很多,休息很少,但是我每一天都过得很充实。"

　　谈起自己的未来规划,谭杨旺是很自信的。他说:"在工作上,我要不断地加强自己的工作技能,提高自己的专业水平;在学业上,我还要继续深造读个本科;在生活上,我要谈一场恋爱,组建一个踏实幸福的小家庭,过属于自己的美满小日子。说真的,我能有今天,离不开父母的支持,离不开亲朋好友的关心,更离不开国家"雨露计划"资助政策的帮扶,如果没有"雨露计划",我可能早早就到社会上飘荡去了。可以说,"雨露计划"就是我读大学,当护士的甘霖。"

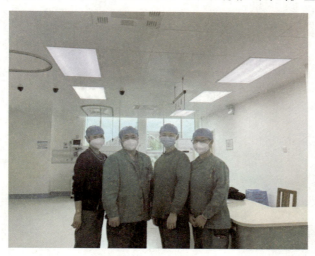

图 1　谭杨旺在桂林市南溪山医院医技科手术室

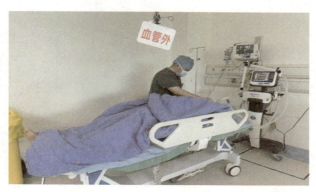

图 2　谭杨旺在桂林市南溪山医院工作

二、经验体会

"雨露计划"就业促进行动通过开展从教育补助、技能培训到促进就业的全链条、一体式帮扶,引导脱贫家庭新成长劳动力接受职业学历教育,提高就业技能水平和就业竞争力,实现技能型就业。为脱贫家庭新成长劳动力接受职业教育提供便利,促进"雨露计划"毕业生实现高质量就业,巩固脱贫攻坚成果。

"雨露计划"圆贫寒学子教师梦

——北海市合浦县黄思梅受助"雨露计划+"实现就业案例

【摘要】

黄思梅,北海市合浦县沙岗镇人,在"雨露计划"的资助下,2020年顺利进入广西民族师范学院学习,2023年顺利完成学业。黄思梅搭乘"雨露计划+"就业促进行动的就业直通车,现于合浦县实验小学任实习语文老师。

一、案例内容

黄思梅,北海市合浦县沙岗镇人,在她很小的时候父亲因病离世,一直与母亲相依为命。因黄思梅母亲的劳动能力低,全家的生活很艰难。为了帮助这个贫困的家庭,村"两委"干部以及驻村工作队了解了黄思梅家的实际情况,帮助她们一家申请了国家政策的帮扶,于2020年实现整户脱贫。黄思梅也成为"雨露计划"政策的帮扶对象之一。读书期间,黄思梅每学期都能领到"雨露计划"的资金补助,大大缓解了其家庭的压力。黄思梅心怀感恩之心,决定用自己的一份力量回报党与国家。

老话常说"贫穷的孩子早当家",黄思梅身上也有超出同龄人的成熟和担当,从小养成了不畏艰苦、勤劳朴实的性格。在高考过后因为考虑到家庭的负担,黄思梅也曾想过外出务工以缓解母亲的负担,但母亲和身边的其他家人总是鼓励她继续读书,打开自己的眼界,去往更广阔的世界。村"两委"干部以及驻村工作队了解到黄思梅家的实际情况,积极入户与她沟通,在了解到她以后想成为一名人民教师后,为她讲解国家"雨露计划"的帮扶政策:接受高等职业学历教育的脱贫户学生,每个学期能领取补助金额1 500元。如果还有其他方面困难,村委都会积极为她争取政策帮扶,让她放心大胆地去求学。

"雨露计划"政策让黄思梅认识到国家对职业教育的重视和扶持力度,黄思梅把这一切看在眼里,记在了心上,她的思想也在悄然发生改变。以前学习只是为了将来能找到工作,更好地孝敬母亲,回报帮助过自己的好心人,但渐渐地黄思梅认识到自己应该更加地努力学好知识,提升技能,将来努力工作,不仅要回报帮助过自己的人,也要回报这个社会,去帮助更多需要帮助的人。

2020年9月黄思梅正式踏入了广西民族师范学院的校园,成为小学全科教育初中起点专业的学生,并在村委和驻村工作队的帮助下成功申报了"雨露计划"并享受了相应的补助。在学校里,黄思梅始终牢记人民教师的责任和使命,努力学习理论知识和职业技能,学习成绩优异。在校期间黄思梅申请了勤工助学岗位,在课后协助学校食堂、学院老师完成各项工作,认真负责地服务老师和同学。为了充实自己的学习生活,黄思梅积极参与校内外的各类活动,担任班级体育委员,成为学院礼仪队队员,加入2019年崇左市庆祝新中国成立70周年的志愿者团队,努力锻炼和提升自己。

2023年2月,黄思梅通过学校的就业安排,成为合浦县实验小学一名实习语文老师。在实习期间,黄思梅怀着对国家"雨露计划"的感恩之心投入工作,几乎以学校为家,努力地学习教学、育人的知识和技能,积累工作经验,并把所有学到的知识运用到工作中。黄思梅在工作中不断创新教学内容和授课方式,引导学生在课本中、在生活里学会感恩、学会做人,鼓励学生努力学习,成为国家未来的栋梁,学校领导都喜欢这个勤奋扎实的小女孩,学生们也非常喜欢这个温柔耐心的老师。

黄思梅说:"国家和社会培养了我,'雨露计划'政策的帮扶让我能够大胆追求理想。我曾经遇到人生中最重要的一名老师,是他让我在心里种下了想要当人民教师的梦想,立德树人、为国造栋梁之材是我的初心,我也会努力工作回馈国家和社会对我的帮助和支持。"

图1 黄思梅作为志愿者协助医护人员整理物资

二、经验体会

"雨露计划"是一项针对贫困家庭的职业技能提升计划,是促进脱贫家庭子女高质量就业的计划。"雨露计划"帮助脱贫家庭(包括防止返贫监测对象)实现从教育培训到促进就业的一体式帮扶,不仅让脱贫家庭子女圆了大学梦,也为促进贫困地区经济发展发挥了重要作用。

铁山港区实施"雨露计划+"助脱贫家庭学生就业增收

——北海市铁山港区龙伟东受助"雨露计划+"实现就业案例

【摘要】

龙伟东是北海市铁山港区的居民,2016 年考入福建武夷学院机械化专业,在"雨露计划"的资金资助下,顺利进入学校学习,于 2020 年顺利毕业。"雨露计划+"就业促进行动,为龙伟东搭建了就业直通车,龙伟东目前在太阳纸业有限公司工作。

一、案例内容

龙伟东是北海市铁山港区 2017 年脱贫家庭的学生,家庭因同时供两人读书致贫,他 2016 年考入福建武夷学院机械化专业,大学一年级时享受"雨露计划"学历教育补助 5 000 元,目前在太阳纸业有限公司工作,每月收入 4 500 元。

2020 年,已经毕业的龙伟东加入了当地一家校友创办的初创公司。初创公司的成员虽然是一群满怀信心与激情的年轻人,但由于没有做好市场调研,公司经营面临巨大的压力。2021 年 9 月,坚持不下去的龙伟东回到了北海。这一次,他决定静下心来找一份相对稳定的工作。

"要找到合适的工作真不容易。"龙伟东说,他也在网上筛选过职位,但都不成功,工作一时没有着落,让他心情很郁闷。后来,营盘镇社保中心的工作人员陈家协在入户帮扶中了解到他的困难后,向区人力资源和社会保障局反映了他的情况。陈家协向他要了一份简历,通过区人力资源和社会保障局协调,不久后他就收到了太阳纸业有限公司的面试通知。

"这份工作非常适合我。"龙伟东笑着说,"工作环境很好,人力资源部门的工作具有挑战性,正是我喜欢的。感谢政府,是因为政府的帮扶我才能找到这么好的工作。"

我区将继续精准帮扶脱贫劳动力就业,继续做好就业帮扶工作,让他们在合适的岗位"挺直腰板"。在帮扶过程中,我区采取的主要措施有以下内容。

多部门联合行动,共同促进毕业生就业。联合宣传政策,促进就业行动。区乡村振兴局联合教育局、学校,充分发挥驻村第一书记、工作队员和村"两委"的作用,到学校和进村入户发放政策宣传单,广泛宣传雨露计划政策,引导脱贫家庭新成长劳动力接受职业学历教育,提高就业技能水平和就业竞争力,实现技能型就业。对在校就读的脱贫家庭学生,落实补助政策,做到应补尽补。

组织摸底排查底数,动态调整就业信息。一是全面摸清辖区内本年度脱贫家庭初中、高中毕业学生入读职业院校意愿,建立脱贫家庭新成长劳动力入读职业院校意愿清单。二是"一对一"核实脱贫家庭学生在校就读信息,建立"雨露计划"在读学生清单。三是对即将和已毕业的脱贫家庭职业学历教育学生开展就业意愿摸排,与相关职能部门共享信息,共同建立"雨露计划"毕业学生就业意愿清单。

实施精确帮扶,促进脱贫劳动力外出就业。建立帮扶工作台账,按照"一人一档""一人一策"开展重点帮扶,为有就业意愿的脱贫家庭毕业生提供3个以上就业岗位选择,力争实现100%就业。区人力资源和社会保障局组织动员有实力、有社会责任的企业和社会组织等用工主体,提供适合雨露计划毕业生的就业岗位,畅通雨露计划毕业生的就业渠道。通过宣传落实企业脱贫劳动力社保补贴和带动就业补贴政策,引导企业大力吸纳脱贫劳动力和举办脱贫人口就业帮扶现场招聘会,还安排"点对点"服务专车,将部分重点帮扶的脱贫劳动力从周边村委或镇政府接送到招聘会现场,与招聘单位进行"面对面"洽谈,完成就业帮扶对接。落实专人跟踪"雨露计划"毕业生的就业情况,持续推送企业招工信息,帮助雨露计划毕业生实现就业。2023年3月23日、24日在广西大学、广西民族大学举办的"就业暖心,桂在行动"北海市铁山港区企业人才暨雨露计划毕业生招聘会,积极促进了雨露计划毕业生就业。

加强雨露计划毕业生就业帮扶跟踪监测。对雨露计划毕业生就业帮扶跟踪监测,建立就业情况清单,实现数据动态更新。对就业情况发生变化的雨露计划毕业生及时掌握情况,提供帮扶服务,做到就业底数清、就业情况清。

通过开展"雨露计划+"就业促进行动,落实我区脱贫家庭学生补助政策,2022 年我区已受理申请"雨露计划"职业学历教育补助 809 人次,共发放资金116.19 万元,进一步提高脱贫人口素质,解决我区脱贫户和防止返贫监测对象学生上学难的问题。区人力资源和社会保障局给雨露计划毕业生提供岗位推荐和就业培训政策,2022 年我区雨露计划毕业学生 124 人,其中升学、参军 26人,已就业 77 人,就业率为 83.06%。

图 1　龙伟东在太阳纸业有限公司认真办公

二、经验体会

就业是民生之本。就业稳定,才能收入稳定,人民群众才能生活得有底气、有干劲。实现就业,提升就业技能是关键。2022 年我区印发了《北海市铁山港区"雨露计划"就业促进行动实施方案》,通过开展从教育补助、技能培训到促进就业的全链条、一体式帮扶,为脱贫家庭新成长劳动力接受职业教育提供便利,促进雨露计划毕业生实现高质量就业,巩固脱贫攻坚成果。

下一步,继续加强"雨露计划+"促就业行动,拓宽脱贫致富路。我区将继续加强宣传力度,营造氛围。一是注重成效宣传,利用线上线下的方式对享受雨露计划毕业生成功就业创业的典型事例进行广泛宣传,尤其是就业后家庭收入持续增长的对象,讲述其就业、增收历程,为广大即将毕业对象注入一支强心剂。二是注重政策宣传,让"雨露计划"政策家喻户晓,激发脱贫户和监测户内生发展动力,持续巩固和拓展脱贫攻坚成果,扎实促进实现脱贫家庭新成长劳动力更加充分和更高质量地就业,稳定毕业生就业形势。

"雨露计划"政策助力贫困学子圆白衣天使梦

——贵港市平南县蒙可莹受助"雨露计划+"实现就业案例

【摘要】

蒙可莹,贵港市平南县思界乡官塘村人,2017 年以优异的成绩被桂林医学院临床医学专业录取。在"雨露计划"的资金资助下,蒙可莹于 2022 年 7 月顺利毕业。"雨露计划+"就业促进行动为蒙可莹搭建了就业直通车,她凭着自身扎实的专业功底,顺利考上贵港市人民医院内科规培生,成为一名白衣天使,为百姓健康作贡献。

一、案例内容

蒙可莹是思界乡官塘村蒙屋屯人,家里一共 5 人,三个孩子都在读书,蒙可莹是家中的第二个孩子,哥哥、弟弟都在上学,父亲在广东务工及母亲在家务农赚取微薄收入,供其家庭 3 个孩子读书,家庭经济困难。2017 年,蒙杰户被识别为建档立卡户。

"书中自有黄金屋""知识改变命运",蒙可莹从小种下这个思想,相信通过读书可以改变命运,这个农村姑娘从小坚定自己的理想和目标,下定决心一定要好好学习。功夫不负有心人,2017 年秋,蒙可莹以优异的成绩被桂林医学院临床医学专业录取。然而,一家 3 个孩子都在上学,费用成了这个家庭的难题。帮扶干部梁丹丹针对蒙可莹的家庭实际情况,从就业和教育上为他们制订了详细的帮扶措施。梁丹丹根据蒙杰和蒙桦林的个人需求,有针对性地推送区内外的岗位信息,实现了稳定就业;又根据"雨露计划"相关政策,依程序为蒙可莹申请本科生一次性 5 000 元的"雨露计划"补助款。家人稳定就业为家里增加了收入，"雨露计划"在一定程度上缓解了家庭经济压力，他们的日子越过越好。

在校期间，蒙可莹同学深知学习是学生的天职，特别是对于学医的她来说，在校时要学习医学知识和临床技能、医患沟通技巧，努力提高自己的临床思维，通过不懈努力，最终蒙可莹大学期间荣获三等奖学金、国家励志奖学金、优秀共青团员等荣誉。

实习期间，蒙可莹严格地按照医院领导的指挥，并在工作中积极地改善自我、提升自我。她充分利用自己的所学，并结合实际锻炼，像其他医护人员一样，服从上级安排，服从大局，提高自己的政治站位，认准方向不掉队。特殊的形势下，医生是守护神，医学生是预备队！她同一众"最美逆行者们"扛起中华精神的脊梁，是国家的精魂，是民族的英雄，守护着中国的明天。蒙可莹曾在桂林市 924 医院、象山社区开展疫情防控工作，守护一方百姓的健康。

2022 年 7 月，蒙可莹顺利从桂林医学院毕业，她的白衣天使梦渐渐实现。蒙可莹参加广西住院医师规范化培训考试，获得了参加贵港市人民医院内科规范化培训的资格，在这大半年期间，她已经轮转内分泌科、消化科、风湿免疫科、血液内科进行培训学习。在科主任及带教老师的领导下，秉承过去的优良传统和作风，在日常工作和业务学习方面她认真学习，勤于总结，学到了很多知识，临床思维得到了极大的提高，例如接诊糖尿病患者时怎么选择降糖方案，面对急性消化道出血、胰腺炎、系统性红斑狼疮、血友病等怎么处理，以及一些抢救知识。

人间的天使穿一件圣洁的白衣，在无硝烟的战场上蒙可莹与病魔零距离。在平凡岗位上用青春和年华，换来无数病人的微笑与感谢，平凡孕育着伟大，奉献酝酿着崇高。在白衣天使的岗位上，蒙可莹用自己的行动满载着梦想迈向辉煌的明天。

图 1　蒙可莹在学习如何选择糖尿病患者的降糖方案

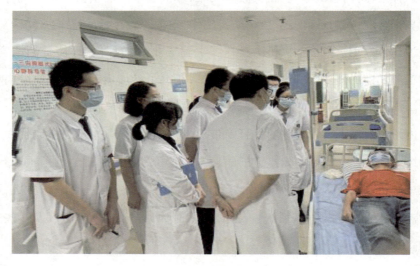

图 2　蒙可莹在医院日常工作

"雨露计划"政策的出台,让蒙可莹认识到国家对职业教育的重视和扶持力度。蒙可莹以前学习只是为了将来工作能更好地孝敬父母,回报帮助过自己的好心人,渐渐地她认识到医师的工作任重道远,今后会继续加倍努力学习,提升技能,努力工作,不仅回报帮助过自己的人,也要回报这个社会,去帮助更多需要帮助的人。

二、经验体会

打赢脱贫攻坚战期间,国家对建档立卡贫困户子女实施"雨露计划"政策,通过扶贫引导、培训和发放补助,减轻贫困家庭负担,增强其就业和创业能力,加快贫困家庭脱贫致富。"雨露计划"实施更多的是帮扶干部和帮扶对象的坚持,那些看似不起波澜的日复一日,会突然在某天让人看到坚持的意义。思界乡党委、政府全面贯彻落实"雨露计划"帮扶措施,让蒙可莹实现了她的白衣天使梦,成功就业有稳定收入,也缓解了她家的经济压力。"雨露计划"政策让她在医院继续深造医学知识,为百姓健康作贡献。其弟弟蒙烨彬目前也正在享受着"雨露计划"政策,她的家庭成为"雨露计划"助力高质量就业、稳固拓展脱贫攻坚成果的典范。

"雨露计划"改变命运

——贵港市港北区陈鲜艳受助"雨露计划+"实现就业案例

【摘要】

贵港市港北区庆丰镇都炉村陈鲜艳,在"雨露计划"政策的支持之下,从广西科技大学第二临床医学院医学影像技术专业顺利毕业,如今在广西百色百育镇卫生院任职,成为令同龄人羡慕和家里人骄傲的"白衣天使"。

一、案例内容

家住在广西贵港市港北区庆丰镇都炉村的陈鲜艳,女,壮族,是广西百色百育镇卫生院的一名护士。"雨露计划"政策帮她圆了大学梦和就业梦,现如今她已经能够实现经济独立,成为令同龄人羡慕和家里人骄傲的"白衣天使"。

2022年6月,在"雨露计划"政策的支持之下,陈鲜艳从广西科技大学第二临床医学院医学影像技术专业顺利毕业,她凭着自身扎实的专业功底和家人的支持,迅速地成长为一名合格的护士。她一向勤俭节约,勤奋好学,虽然现在的工资不多,但是却完全能够自食其力,成为父母亲的骄傲。

2019年6月,高中毕业的陈鲜艳被广西科技大学第二临床医学院医学影像技术专业录取,收到录取通知书的时候,她的心里百感交集。她看着手里的专科录取通知书,再想想白发渐添、日渐佝偻的父母,逐渐陷入了迷茫。她心里想着是去大学提升自身的知识水平,还是早早就出去打工为父母亲减轻经济负担,如何选择成了压在她心里的巨石。

在村里,陈鲜艳的家境一般,如果选择读大学的话,那这读书的开销将会变成全家人的负担,会让本就不富裕的家庭雪上加霜。但在得知自己的女儿被录取后,陈鲜艳的父母都是满心欢喜,尽管家里将会多出一笔开销,但两人还是一直坚持让女儿去读书,因为他们自己就吃过没有文化的亏,所以一直都相信知识能够改变命运。对于夫妻两人来说,钱不够不是很大的问题,他们可以找别人先借着,但是没有知识就是没有好的未来,没有一技之长对以后的找工作有很大的限制,所以他们对陈鲜艳去读书的决定是十分支持的。从村委那里了解到国家的"雨露计划"政策,得知只要是建档立卡贫困户的子女就读中高职业院校期间都可以申请到补助,一个学期最高补助为1 500元,而三年六个学期就有9 000元的补助,这让夫妻二人如释重负,同时也更加坚定让女儿去读书的决心。

最后,陈鲜艳决定继续读书。有了"雨露计划"的涓涓细流,再加上父母在资金上和精神上的支持,以及自己不忘初心、勤奋学习,最终陈鲜艳顺利地从广西科技大学第二临床医学院毕业。并且陈鲜艳坚信毕业了不等于就业,当今社会的就业形势更加严峻,在竞争如此激烈的情况下,陈鲜艳并没有好高骛远,而是尽最大努力发挥自己的一技之长,最后成为广西百色百育镇卫生院的一名"白衣天使"。

"工作快一年了,我本着'一切以病人为中心,一切为病人'的服务宗旨,从最基础的护理工作学起,比如如何规范书写科室文件、护理记录、危重记录等,并自觉遵守医院的各项规章制度,服从科室领导的各项安排,认真履行自己的岗位职责,一边工作一边向经验丰富的同事学习,认真接待每一位病人,把每一位病人都当成自己的朋友、亲人。看着自己接待的一位又一位病人健康出院,我很开心。"陈鲜艳认真说着。在工作中,陈鲜艳有着健康的身体与心理、坚定的意志、高度的责任感和服务意识,并与病人建立了良好的医患关系,工作勤奋,不怕苦和累,保持最佳的情绪,从容应对工作中各种突发情况。

二、经验体会

就业是民生之本。就业稳定,才能收入稳定,人民群众才能生活得有底气、有干劲。实现就业,提升就业技能是关键。不少贫困家庭的学生,正是因为"雨露计划"政策的资助，得以顺利完成了学业，提升了自身的专业技能，并依靠着自身的一技之长，谋得了工作岗位，为家庭巩固脱贫、持续增收起到了重要的作用。俗话说，一人就业，全家脱贫。所以增加就业是最有效、最直接的增收方式。"雨露计划"缓解了脱贫家庭学子就读中职、高职、技工院校的压力，提升了学生们学习专业技能的信心和决心。

"雨露计划"为寒门学子圆大学梦照亮就业路

——玉林市玉州区周赤龙受助"雨露计划+"实现就业案例

【摘要】

周赤龙,家住玉林市玉州区仁东镇周村,汉族,家庭人口5人,现在劳动力有3人。2018年考上广西贺州学院,在雨露计划政策的帮助下,周赤龙走出困境,圆梦大学并于2022年顺利毕业,一毕业就与贺州华润电力公司签订就业合同,现在是公司的一名在职员工。如今他已实现经济独立,成为同龄人羡慕的"自由"人。

一、案例内容

周赤龙1999年出生于玉州区仁东镇周村8队,他家于2013年被识别为建档立卡贫困户。因家中爷爷奶奶年老和长期生病,周赤龙的爸爸要长期在家照顾老人,无法外出打工。爷爷住院虽然能享受医疗兜底报销90%以上,大大减轻了医疗负担,但周赤龙的家庭收入微薄,依然困难。当得知有扶贫公司及相关政策后,爸爸果断加入了扶贫公司,一心在家种田。扶贫公司发放水稻种子,并对周赤龙的爸爸进行技术指导,水稻每年都丰收,周赤龙的家庭因此每年都获得种植水稻奖补4 000元。2019年他的家庭小额贷款18 000元,5年来国家贴息,相当于国家免息贷款。周赤龙的妈妈享受公益性岗位,实现在家门口就业。爷爷奶奶每个月有基础养老金,全户5人享受低保,还享受每年400元的扶贫分红。

周赤龙的爸爸不希望儿子一辈子待在小村子里,总是鼓励儿子努力读书,打开自己的眼界,去往更广阔的世界。2018年,周赤龙以468分的高考成绩如愿考上了广西贺州学院,全家上下沉浸在喜悦的氛围中,可学费却愁坏了周爸爸,虽然现在的生活比以前好了,但家中依然无余钱供儿子上大学。但周赤龙有自己的想法,深知家中的情况,再看着白发渐添、日益衰老的父母,为了不给家里增添更多负担,他萌生了放弃来之不易的就读大学的机会的想法,想提前步入社会工作补贴家用,减轻父母重担。

图1　帮扶人入户了解周赤龙家庭的务工及经济收入等情况

帮扶联系人得知此事后,马上入户做周赤龙的思想工作。"小龙你一定要去上大学,你家未脱贫,小康生活还需要你去创造呀,只有读书获取知识、掌握技能,才能改变你家的现状,才能带领你的家庭走出困境,学费的事你不用操心,我帮你想办法。"帮扶联系人说道。帮扶联系人迅速联系村委,忙前忙后帮周赤龙申请了"雨露计划"本科生5 000元一次性补贴,还帮其申请了大学生免息贷款。周赤龙于2018年9月顺利入学,他很珍惜这样来之不易的学习机会,学习非常努力刻苦,读书期间省吃俭用。

医疗、小额信贷、以奖代补等国家扶贫政策带动发展产业、帮助稳定就业,增加家庭收入,加上"雨露计划"政策的资助,一定程度上缓解了周赤龙家里的经济压力,2019年周赤龙家实现光荣脱贫。2022年7月,周赤龙以优异的成绩顺利毕业,一毕业就与贺州的大公司华润电力签订劳动合同,至今工作稳定,每月收入约3 000元。"雨露计划"政策的帮助,让周赤龙学到了专业知识,找到了一份满意的工作,找到了改变命运的出路,这都是党和国家对学子的帮助。

图2　周赤龙在工作岗位上

　　2021年9月、2023年1月周赤龙的爷爷奶奶相继去世。周赤龙家于2022年底不用低保支撑家庭生活了,还建了两层楼,现一家3口过着幸福稳定有保障的生活。周赤龙紧握帮扶联系人的手,含泪说道:"我现在工作顺利,我爸可安心了。我能够圆梦大学多亏了国家的教育政策和雨露计划的帮助,我们家有这么幸福的生活,得益于国家切实到位的帮扶政策。我非常感谢您,感谢国家!"周赤龙认识到国家对职业教育的重视和扶持力度,渐渐地认识到自己应该更加地努力学好知识,提升技能,通过努力工作,不仅要回报帮助过自己的人,也要回报社会、报答国家。

二、经验体会

　　就业是民生之本。就业稳定,才能收入稳定,人民群众才能生活得有底气、有干劲。实现就业,提升就业技能是关键。"雨露计划+"这一政策的实施帮助了很多寒门学子继续升学,为社会输送了一批专业型人才。正是因为"雨露计划+"就业促进行动,开展从教育培训到促进就业的全链条、一体式帮扶,寒门学子得以顺利完成学业,提升了专业技能,并依靠一技之长,谋得工作岗位,为家庭巩固脱贫成果,持续增收起到了重要作用。

"雨露计划"让寒门学子筑梦前行

—— 玉林市兴业县高峰镇廖倩霞受助"雨露计划+"实现就业案例

【摘要】

廖倩霞,兴业县高峰镇集义村人。2017 年 9 月,廖倩霞被广西科技大学第一临床医学院临床医学专业录取,在"雨露计划"政策的帮助下,于 2022 年顺利毕业。"雨露计划+"就业促进行动,为廖倩霞搭建了就业直通车,廖倩霞现在在兴业县人民医院儿科实习。

一、案例内容

廖倩霞,兴业县高峰镇集义村人。2015 年经精准识别,廖倩霞户成为建档立卡贫困户,其父亲在家务农,母亲精神病残疾。廖倩霞刚上高中时,家庭出现变故,父亲去世,母亲因病住院,家庭条件越来越不好。乖巧懂事的廖倩霞从小就帮忙干些力所能及的事,努力减轻母亲的负担。困难的家庭条件,使廖倩霞从小养成了不畏艰苦,诚实朴实的性格,廖倩霞从小学习成绩就名列前茅。高考结束后,廖倩霞拿到了广西科技大学第一临床医学院临床医学专业的录取通知书,但因家庭困难,以她们家的家庭条件,已经没有能力安排孩子的继续深造,家庭突发的困难成为廖倩霞求学路上的一道难以逾越的坎,学费更成为阻拦她迈向理想的一座大山。集义村村委得知情况后,立即组织人员对其进行了雨露计划教育补助的讲解。帮扶责任人先后入户了解她家庭的具体情况,并宣传"雨露计划"教育补助政策,使她充分了解了"雨露计划"教育补助政策的具体内容,且帮助她申请"雨露计划"教育补助。每年 3 000 元的"雨露计划"教育补助缓解了其家庭教育支出的压力,使她能够放心上学,安心追逐自己的理想,圆了求学梦。

自帮扶工作启动以来,在各项政策帮扶下,廖倩霞家的条件逐年变好,同时也给廖倩霞树立了正确的世界观、人生观、价值观。她更加努力地学好知识,提升技能,将来努力工作,不仅回报帮助过自己的人,也要回报这个社会,去帮助更多需要帮助的人。进入大学后,廖倩霞积极上进,理想信念坚定,很快便成为一名入党积极分子,通过行动积极向党组织靠拢,在毕业时成为一名光荣的共产党员。在学校里,廖倩霞埋头苦读,努力学习理论知识和职业技能,勤奋刻苦,常常利用休息时间多学医师职业技能,一步一个脚印向自己的理想靠近。

2022年7月,廖倩霞怀着为人民服务的热情,进入了兴业县人民医院儿科实习。在医院实习期间,廖倩霞虚心好学,悉心聆听老师的教导,认真做好笔记,并结合书本知识反复思考印证,使她的理论知识和实践技能得到了显著的提升,获得了医院领导和老师一致的好评。廖倩霞现在已成为一名优秀的儿科医生,每月收入3 500元左右,她感到非常满足,这是她通过努力学习和辛勤工作获得的结果,她心怀感恩,尽自己微薄的力量为社会做了贡献,在她眼里,生活再难也充满希望,她坚信未来的路会越走越好。

在"雨露计划"教育补助的帮助下,廖倩霞圆了求学梦。毕业后廖倩霞通过兴业县"雨露计划+"就业促进行动进入了兴业县人民医院儿科实习,实现稳定就业一人,巩固成果一家。坚决防止就业困难或就业不稳定导致规模性返贫问题发生。"感谢党对我家的关怀,感谢所有人对我家的帮扶付出,'雨露计划'政策是及时雨,圆了我求学的梦想。我要更加地努力学习,不断提高专业水平,成为一名优秀的医生,用自己所学的专业知识帮助有需要的人,回馈社会。"廖倩霞心怀感恩由衷地说道。

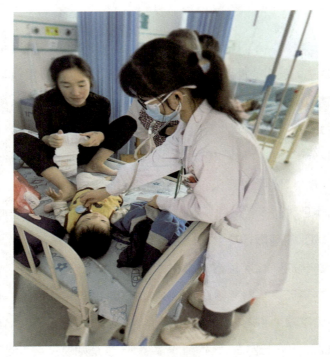

图 1　广西科技大学临床医学专业 2019 级廖倩霞在兴业县人民医院工作日常

二、经验体会

一人就业，全家脱贫，增加就业是最有效最直接的增收方式。"雨露计划"缓解了脱贫家庭学子就读中职、高职、技工院校的压力，提升了学生们学习专业技能的信心和决心。

近年来，兴业县不断深入宣传"雨露计划"政策，让不少如廖倩霞般的贫困（脱贫）家庭学生，因为"雨露计划"的资助，得以顺利完成学业，提升了专业技能，并依靠一技之长，谋得工作岗位，为家庭巩固脱贫，持续增收起到了重要作用。2022 年，兴业县脱贫人口实现就业 29 393 人，积极引导了 7 450 名脱贫家庭和防止返贫监测对象家庭劳动力入读中职、高职业院校（含技工院校）实现了更加充分、更高质量的就业。升级续写了"雨露计划"的"后半篇"篇章。

"雨露计划+"助力脱贫学子变身"白衣天使"

——百色市乐业县覃冬连受助"雨露计划+"实现就业案例

【摘要】

广西百色市乐业县新化镇谐里村一队屯的覃冬连，2019 年 9 月考入广西卫生职业技术学院护理专业，在"雨露计划"的资金补助下，顺利完成学业，于 2022 年 6 月毕业，搭乘"雨露计划+"就业促进行动的就业直通快车，现已成为乐业县人民医院的一名护士。

一、案例内容

百色市乐业县新化镇谐里村的覃冬连，其家庭共 4 口人，其父亲长期患病半边身体瘫痪，无劳动能力；其哥哥患精神疾病，无劳动能力。在国家实施精准扶贫策略以前，全家只靠其母亲在乐业县城周边务工赚取微薄收入，维持生计。根据国家相关政策，2013 年底覃冬连一家被识别建档立卡贫困户，一家 4 人享受 B 类低保，并且其父亲、哥哥享受残疾人相关补贴，其家庭还享受产业以奖代补、稳岗补贴、公益性岗位、教育资助等一系列帮扶政策，覃冬连一家到 2020 年才实现脱贫。因为条件困难，覃冬连从小付出了超出同龄人几倍的努力。学习之余，还会帮家里做些力所能及的家务，努力减轻父母的负担，这让父母亲感到很欣慰。好心的亲戚和邻居们也同情小覃冬连的遭遇，在力所能及的范围内帮助这个困难家庭。

精准施"雨"，助其志，扶其能。广西百色市乐业县新化镇谐里村一队屯的覃冬连家庭是乐业县脱贫攻坚成果的缩影。2019 年高考结束以后，为了帮助更多类似父亲、哥哥这样身患疾病的病人，覃冬连毅然选择了就读广西卫生职业技术学院护理学专业。进入大学学习后，帮扶干部以及村"两委"人员多次入户了解覃冬连入学后的实际困难,得知覃冬连在学校学习生活各方面开销非常大,家庭收入难以支撑,符合"雨露计划"申请条件后,帮扶干部以及村"两委"人员帮助覃冬连申请了"雨露计划"职业教育学历补助,切实缓解了覃冬连的家庭经济压力。2019年9月至2022年6月,覃冬连就读广西卫生职业技术学院护理专业期间,每年获得"雨露计划"职业教育学历补助3 000元,是"雨露计划"众多的受益学生之一。在校期间,覃冬连刻苦努力钻研,认真学习专业知识,理论知识和实践技能得到显著提升。思想上,覃冬连积极上进,热爱共产党,理想信念坚定,一心向党靠拢,成为一名入党积极分子,每个月积极写思想汇报。生活中,覃冬连从不抱怨自己的困难出身,节俭朴素,利用课余时间外出勤工俭学,赚取学费和生活费,勤工俭学赚的钱除了用于自己平时的开支,还寄回家给父母,帮助解决家里的困难。学习上,覃冬连勤奋刻苦,对专业课学习热情高,尤其在护理技能训练方面积极主动,常常利用休息时间去加练医师技能。经过三年的学习和训练,她的专业技能得到了老师和同学的一致肯定。毕业后通过就业帮扶,覃冬连现在乐业县人民医院做护士,她努力学习实践技能,积累工作经验,获得了医院领导和老师的一致好评,成为医院年轻一辈的楷模和典范。覃冬连通过稳定就业,极大地改善了家庭生活环境。

"雨露"润泽,助力脱贫就业。2022年7月,覃冬连职业教育毕业后,通过就业帮扶及凭借自身优异的成绩,现在乐业县人民医院当护士,成为一名救死扶伤的"白衣天使"。近一年来,她几乎以医院为家,努力地学习实践技能,积累工作经验,并把所有学到的知识运用到实际工作中,患者都非常喜欢这个勤奋善良的小女孩。同时,覃冬连虚心好学,认真听取老医生的坐诊方法以及老护士的工作方法,认真做好听诊记录、工作记录,理论知识和实践技能得到显著提升,获得了医院领导和老师的一致好评,成为医院年轻一辈的楷模和典范。

作为一个刚走出校园的学生,所学专业技能终于有了用武之地,所得收入也大大改善了家里的经济情况,覃冬连感到非常欣慰和开心,每天工作都充满热情,像一块不断吸收水分的海绵,在工作中不断充实自己,帮助身边人。她相信,通过自己的努力,未来的路会越走越好,未来的生活会越过越红火。

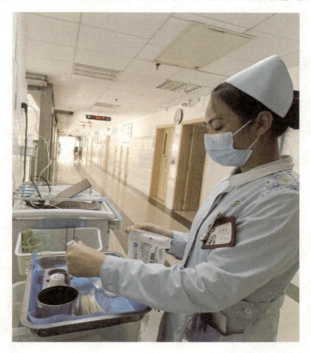

图1 2023年4月25日覃冬连在做病人静脉注射前的消毒准备

"雨露计划+"促进就业行动,拓宽脱贫致富路。实施"雨露计划+"就业促进行动,是巩固拓展脱贫攻坚成果的有力举措。享受"雨露计划"支持的脱贫家庭,脱贫基础更扎实、脱贫质量更高。类似覃冬连这样的脱贫家庭学生还有很多,正是因为"雨露计划"的资助,他们得以顺利完成学业,提升了专业技能,并能依靠一技之长获得稳定工作岗位,对家庭巩固脱贫成果,持续增收起到了重要作用。"真的,我能有今天,离不开父母的支持,离不开老师的关心,更与国家'雨露计划'政策的帮扶分不开,如果没有'雨露计划'补助的支持,我可能早早就到社会上闯荡去了。可以说,'雨露计划'就是我读大学、当护士的甘霖。作为一名医务工作者,'白衣天使'的称号既是荣耀,也是责任,我很喜欢这份工作,它能为患者解除痛苦,帮助更多需要帮助的人。"覃冬连说道。

国家的精准帮扶政策不仅兜底了覃冬连一家的生活,也帮助覃冬连建立了正确的世界观、人生观和价值观，"雨露计划"的帮助更是助力其实现了从脱贫学子到"白衣天使"的人生转变。

二、经验体会

"雨露计划"作为为贫困家庭量身打造的职业技能提升计划，帮助了一大批贫困家庭新成长劳动力实现校园梦。乐业县着力"雨露计划+"精准帮扶，突出重点，保障学业，帮助脱贫家庭就业增收，实现稳定就业一人，巩固成果一家。

韦健宝：感恩"雨露"助我从军报国梦

——河池市南丹县"雨露计划+"就业促进行动个人案例

【摘要】

韦健宝,男,壮族,系广西南丹县车河镇八步村人,2019年6月,在"雨露计划"政策的资助下,韦健宝从广西体育高等专科学校运动训练专业毕业,圆了他的"大学梦"。毕业后韦健宝先后从事篮球教练、体育教师等工作,有稳定的工作和收入,家庭生活逐步得到改善,2022年韦健宝响应国家号召应征入伍,成为一名保家卫国、无上光荣的解放军战士,现是南部战区某旅的一名现役军人。

一、案例内容

2019年6月,在"雨露计划"政策的资助下,韦健宝从广西体育高等专科学校运动训练专业毕业,他身高1.93米,有着出众的篮球天赋,加上自己的不懈努力和刻苦锻炼,成为一名体育教练,从事着体育相关的工作,同时也是南丹县有名的篮球主力队员。在中学时就为本县争得过多项荣誉。生活里他勤俭节约,训练时磨坏的球鞋缝缝补补也不舍得换新的,在大学时期他赢得的篮球比赛奖金总会拿出来给父母补贴家用,甚至在假期兼职初高中学校的篮球教练,虽然工作资不高,但已够自己支配,家庭生活逐步得到改善。

图 1　韦健宝(中)参加比赛

　　大个子有"大理想"。2017 年 9 月，丹高毕业的韦健宝被广西体育专科学校运动训练专业录取，收到梦寐以求的高校录取通知书对他和家人来说都是无比开心的事情。比起每天熬夜复习取得理想高考成绩的同学来说，韦健宝付出的努力是双倍的，因为他学的是体育，要"文武"双全，在理论课上就必须多下功夫。于是，韦健宝在课堂上对老师说的重点内容认真做好笔记，遇到难题也谦虚地请教班里成绩好的同学，利用课间之余提升自己的文化成绩。下午的训练时间为了提高体能成绩，负重跑、百米冲刺、耐力训练早已是韦健宝的家常便饭，汗水像是雨水般浸透了韦健宝的衣服，也滋润着他内心"体育事业"的萌芽。

图 2　韦健宝在努力备赛中

　　知识改变命运。韦健宝的家庭经济条件一般,仅靠母亲一人种植农作物和散养土鸡补贴家用,让韦健宝上个好大学成为家里的一大难题。得知儿子被录取并且还是他喜欢的体育专业,身为母亲的周桂新满心欢喜,但又多了几分担忧,因为听说上大学可是一笔不小的开支,对于这个本来就不富裕的家庭,学费的压力一下子就压在了母亲的肩上,儿子一年的学杂费和路费得 1 万多元,每年儿子的生活费也得 1 万多元,3 年就是 6 万多元。然而姐姐在收到弟弟被高校录取的消息时,立马给还在为学费操心的母亲打电话,说自己结婚的时候存了一些钱,让母亲先拿去给弟弟报名交学费,弟弟的前途是大事。母亲和姐姐也非常支持韦健宝去就读自己喜欢的专业。有了家人的支持,韦健宝暗自下定决心要好好努力,绝不辜负家人的期待。

　　雨露现真情。韦健宝大学入学当年,正值"雨露计划"政策实施。为全面落实该项政策,南丹县加大了政策宣传力度,走访各乡镇、社区,为有困难的家庭提供政策帮助。也是在这一年,韦健宝在乡政府部门工作人员的帮助下申请了"雨露计划"。随后每个学期,韦健宝都会拿着雨露计划的申请表去学校盖章确认,申请表上交给学校审核就完成了全部的申报手续。每个学期的开学前,韦健宝家里都能收到一笔来自"雨露计划"的补助款。从最初的入学到大学毕业,韦健宝一共收到 9 000 元的补助。

在"雨露计划"的帮助下,韦健宝实习期在南宁某高中当起了一名外聘体育教练,月薪 4 500 元,在日常工作中为高校的孩子们开展篮球训练,帮助该校多次获得比赛奖项。韦健宝自己则在南宁市的大学生运动会上取得了实心球男子组第二名的好成绩,后经认证成为一名国家三级运动员。大学毕业后他成为南宁市一家体育培训公司的教练,月薪 6 000 元,培育了许多体育爱好者,工作期间他走进中小学校宣传科学的健身运动,帮助学生掌握科学的运动方式、培养学生对体育运动的爱好。

谈起自己对未来职业的规划时,他总会说之所以能有今天的自己,离不开家人的支持和"雨露计划"的帮扶,并说到自己想考取教师资格证,成为一名体育老师,为家乡的体育教育事业做贡献,他的梦想也像"雨露"般滋润着像他一样心怀梦想的学生。

二、经验体会

"雨露计划"是国家为贫困家庭量身打造的职业技能提升计划,主要通过扶贫资金补助,鼓励和帮扶农村贫困家庭初中毕业和高中毕业的学生继续接受职业教育培训,提高自身素质,提升就业技能,提高就业质量和发展能力,切断贫困的代际传递。南丹县"雨露计划+",通过精准扶持、精准就业,实现脱贫。

踏实工作，奉献社会

——来宾市忻城县莫仁月受助"雨露计划+"实现就业案例

【摘要】

莫仁月，女，1999年3月出生，系广西来宾市忻城县大塘镇寨东村八另屯人，2018年9月考取桂林理工大学，2018年底即获得"雨露计划"资助，2022年7月完成学业顺利毕业。在毕业以后一直从事与本专业相关的造价工作，用自己的专业知识在自己的专业领域上发光发热。

一、案例内容

奋力学习，提高专业知识水平。读书时因为家庭情况比较清苦，莫仁月一直想放弃学业，在得到"雨露计划"的资金支持后，她奋发图强，认真学习专业课程，在学校学习期间各科专业课程考试都达到良好以上的等次，按时修满规定学分并顺利毕业。

积极实践，提高社会实践能力。在学习之余，莫仁月参加社会活动，增强自己的实践能力和生活能力。莫仁月在大一时就明确了自己想要什么，所以在大一期间积极参加学生会的选拔，参加了院学生会的面试并成为其中的一员，积极参加学校的活动，拓宽自己的知识领域，锻炼自己的沟通能力；积极学习专业知识，请教老师和同学，在学校期间还利用课余时间进行兼职和实习，根据自己的专业进行实习，并积极接触相关的实际项目，结合自己的专业知识进行实际分析，从社会实践中明确自己的就业目标和就业方向，参加多个实地项目的考察，了解到基本的造价模式和工作环境，在社会中不断磨炼自己，并将自己的实习项目与论文和毕业设计联系起来，得到了指导老师的极大认可。

踏实工作，提高专业技术水平。莫仁月毕业以后就一直从事相关的工作，积极向单位前辈请教,了解相关技术,积极参加企业培训,夯实自己的工作基础,提高自己的工作能力,对于不了解的知识领域,积极向组长和师傅请教,认真对待自己手上的项目,做一个勤勤恳恳的打工人,踏实工作。莫仁月认真仔细的工作作风得到了同事和领导的认可,成为新一批入职人员中的佼佼者,莫仁月相信自己将会在这个领域发光发热。并且,在自己获得一定成就以后,为社会的建设奉献自己的力量。

在"雨露计划"的资助下,莫仁月在各方面有了很大的提升。

个人能力得到提升。在学校,莫仁月从中获得了很好的成长环境,解决问题的办法、统筹活动的方式以及与人沟通的方式等,都在大学四年得到了非常好的锻炼。莫仁月在造价方面的专业能力得到了非常大的提升,从了解结构框架到图纸的设计以及造价方案的确定等,为造价技能的提升奠定了非常重要的基础。

个人思想得到升华。莫仁月希望自己继续积极乐观、从容面对一切苦难和贫困的同时,还能够用自己的双手去帮助更多需要帮助的人。"路漫漫其修远兮,吾将上下而求索",这是对莫仁月的未来最好的写照,而我们的"雨露计划"也正是如此。应继续加大教育投入力度,助力学子走向校园,为实现中华民族伟大复兴的中国梦继续输送青春的新鲜力量。

实现乡村振兴的催化剂。乡村振兴离不开教育的发展,教育的目的是培养人才,在人才资源贫瘠的乡村,教育的加持更为重要,技能的培训更加紧急,这对拉动乡村经济建设和文化建设有很大的积极作用,稳定增收的基础之一就是教育。让学生获得良好的教育环境,不仅是国家的要求,也是当地政府的要求,关注学生,提供便利条件,培养德智体美全面劳全面发展的人才,是人才强国战略的必备基础。

在梦想的路途里,所有的风景都是美好的。接下来莫仁月的奋斗目标就是在自己的岗位上有更大的提升,加强自己的技能,深入学习最新造价技术,深化创新思想,接手更大的项目。与此同时,继续夯实自己的知识基础,深入学习自己领域的文化知识,对相关公式和相关理论做到熟记于心,对项目的计算和软件的应用做到得心应手,实现自己既定的人生目标。

二、经验体会

党的十八大以来,教育事业得到了广泛关注,"雨露计划"的加持为许多学子提供了经济上的帮助,助力学子追求学业和理想,同时继续监测帮扶对象,为雨露计划的毕业生提供就业帮助。"雨露计划"帮助的毕业生有进入学校从事教育事业的,也有回归基层机关单位从事惠民事业的,还有一些在社会上踏实工作的,这样一些人,在他们自己的岗位上发光发热,用自己的双脚去丈量大地,用自己的双手去创造成功。

第五章 "雨露计划+"反哺乡村促振兴

资助政策，让他的梦想扬帆起航

——桂林市龙胜县张建新圆梦成长

【摘要】

张建新,出生于广西壮族自治区桂林市龙胜县江底乡建新村岩山底组的一个贫困家庭,2017年考取广西商业技师学院,在"雨露计划"政策的资金补助下顺利毕业,并通过自己的努力,一步一个脚印,逐渐圆梦,2021年成为广西右江民族商业学校的一名教师,真正实现了"成就一人、致富一家、带动一片、福泽三代"的愿望。

一、案例内容

张建新,来自广西壮族自治区桂林市龙胜县江底乡建新村岩山底组,从小家庭贫困,父母期盼着他能通过考入大学,走出大山。2017年6月,张建新初中毕业,由于发挥失常,中考成绩不理想,这让他茫然,感觉前途一片渺茫。在老师的指引下,张建新来到广西商业技师学院就读,成为2017级中式烹调三班的一名普通学生。

在广西商业技师学院就读期间,张建新深知学习的机会来之不易,倍感珍惜。通过学校专业老师的教导和自身努力,张建新在2018年学校技能大赛中获得刀工组比赛一等奖。在技校就读期间,让张建新更坚定了一个信念,那就是"家有良田万顷,不如一技在身"。思想上,张建新遵纪守法,热爱祖国,严格要求自己的思想和行为,树立正确的道德观和人生观。学习上,张建新目标明确,态度端正,刻苦努力,积极进取,不断提升自己的能力。功夫不负有心人,在2019年广西壮族自治区技能大赛中,他获得了三等奖。当别人问起张建新有什么感想时,他说:"我很庆幸在取得这些成绩之前所付出的很多努力,也非常感谢老师的栽培,更感谢党和国家给予了这么好的资助政策,让我能安心在学校学习。"

2019年9月,张建新升级到高级工班。在高级工班学习期间,张建新学会了很多在中级工班学不到的技术以及高级菜品制作技术。张建新刻苦学习专业知识,勤俭节约,乐于助人,和同学相处关系融洽,并且他主动承担班级事务,主动寻找各种锻炼自己的机会。张建新是老师的得力帮手、同学们的知心朋友,得到了老师同学们的普遍认可。在高级工班准备参加实习时,张建新感叹道:"我一辈子也想不到我会到上海工作,但我实现了,学校分配我去上海实习,这是我人生中很大的一个跨度。"实习期间,张建新不怕辛苦,主动向老员工学习,他深知实习岗位的重要性,在工作中更加认真踏实,勤学苦练,精益求精,严格要求自己,不断提高自己的业务水平。张建新坚持扬长避短,学习他人的好处,正视自己的不足,善于改正。

2021年8月,张建新以优异的成绩被广西右江民族商业学校聘用,担任教员一职。走上了工作岗位,回头再看来时走过的路,张建新真的很庆幸,庆幸在自己成长的路上得到了那么多老师和同学的帮助,得到国家那么好的政策支持,生活上有"雨露计划+"的帮助,同时,也享受了国家对中职学生学杂费的减免政策,让他在不断的努力中一次次地实现了自己的梦想。张建新也通过自己的努力,实现了家庭的脱贫,助力了乡村振兴战略的实施。工作期间,张建新担任广西右江民族商业学校2022级中山烹饪一班的班主任兼热菜教师。张建新深知"鸦有反哺之意，羊有跪乳之恩"的道理。张建新说："我要像之前老师对我一样，热爱我的学生，我也要把我之所学教给我的学生，帮助我的学生实现自己的人生梦想。"他本人也因此在 2022 年评比中获得了"优秀班主任"称号，在此期间获得 2022 年广西壮族自治区农民工技能大赛优胜奖。

图 1　张建新为学生上烹饪课

图 2　张建新参加第七届广西农民工技能大赛决赛

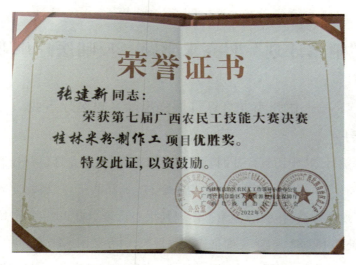

图3 张建新参加第七届广西农民工技能大赛决赛获得优胜奖

二、经验体会

路漫漫其修远兮,吾将上下而求索。展望未来,张建新充满希望,相信他将付出更大的努力,在自己的人生道路上大放异彩。

通过"雨露计划"职业学历补助政策,缓解了贫困学子的家庭压力,让贫困学子有更多的精力投入到学习中,提升自我,扩宽就业渠道,顺利实现就业。龙胜县将继续发挥"雨露计划+"就业促进行动"帮就业"的关键作用,以点滴"雨露"滋润莘莘学子,助力乡村人才振兴。

"雨露计划"照亮求学路，反哺医疗事业

——梧州市龙圩区许展强反哺乡村医疗事业

【摘要】

自"雨露计划"学历教育补助政策实施以来，梧州市龙圩区积极践行政策，乡村振兴局、广平镇乡村振兴办、各帮扶单位、干部队伍、村级领导齐心推动。政策宣传、摸底排查、补助落实无不体现其用心良苦。自 2014 年以来，梧州市龙圩区已补助 15 082 人次，全面推进教育帮扶，引导贫困家庭子女走向校门，增强内生动力，助推就业，同时减轻学费压力，降低返贫风险，助力稳固脱贫成果。值得特别关注的是，许展强同学作为典型代表，于 2019—2022 年享受"雨露计划"职业学历补助共 9 000 元，国家政策的资助减轻了他的学费压力，也激发了他的进取心，医学技能得以深耕，回乡成为农村医护人员，成为社会建设中的一枚璀璨明珠。

一、案例内容

许展强家现有人口 4 人，父母都是广平镇街道上的环卫清洁工人，勤勤恳恳地为广平镇的清洁美丽做出自己的贡献，其大哥许文昌现在中医院工作，也曾是"雨露计划"政策的受益学子。许展强的家庭在 2013 年被纳入贫困户，纳入的原因是因学致贫，当时家中有三个小孩在读书，父母靠打零工、种田为生，咬紧牙关供着几个孩子读书，家庭生活非常困难，村"两委"干部经过排查评分，把该户评议为建档立卡贫困户。在扶贫政策的支持下，他们的家庭生活开始有了变化，许展强三兄妹得到了国家给予的各项政策补助，得以安心学习，完成学业。许展强 2019 年 9 月就读梧州市卫生学校农村医学专业，成为一名定向医学生。当村干部和帮扶干部得知许展强要到梧州市卫生学校学习时，便马上向

他宣传和协助落实"雨露计划"补助,详细地向他介绍了雨露计划补助的补助标准,了解他的在校就读信息,帮助落实"雨露计划"补助,叮嘱他安心地去读书。在村干部和帮扶干部的关心和帮助下,2019—2022年,许展强顺利获得"雨露计划"职业学历教育补助9 000元。同时,在定向医学生免费培养项目的帮助下,极大地减轻了家庭负担,让许展强无后顾之忧,全身心地投入到学习中。

医学生的学习任务总是枯燥而又乏味,背不完的医学专业书籍,各种各样的医学专业考试,许展强至今记得老师的一番话:医学生的学习要比别人都艰巨困难,因为每一个知识点都是重点,病人的健康重于泰山。就这样,"雨露计划"陪伴他度过了三年的学习生涯,在校期间,他也依靠自身的刻苦学习获得了许多奖项,通过奋力拼搏,自强不息,逐渐成为一个能适应社会要求的医学生,为成为一名合格的医务工作者打下了坚实的基础。

2022年7月,许展强从梧州市卫生学校毕业,毅然回归乡村,服从龙圩区卫健委分配,扎根基层,把自己学到的医学知识搬到基层,为家乡父老提供更优质的医疗服务。回到龙圩区广平镇平山村卫生室工作后,许展强的工作主要是协助村医开展公共卫生事务。广平镇属于较偏远的乡镇,平山村距离龙圩城区50多公里,是广平镇内脱贫人口较多的一个贫困村,村里的留守儿童、孤寡老人较多,村卫生室只有2个村医,承担的工作任务繁重,需承担与其功能相适应的基本医疗服务、基本公共卫生服务和上级卫生健康行政部门交办的其他工作。许展强在做好协助村医开展诊疗工作的同时,也需要协助卫生院开展家庭签约医生的上门服务,对糖尿病、高血压等慢性病患者开展随访体检;协助村医开展公众健康的宣传咨询;对孕妇、新生儿、行动不便的老年人等特殊群体进行访视。在日常忙碌而又充实的村卫生所工作中,许展强的工作能力和专业水平都得到了极大的提升,在学校学习到的理论知识,在这里都得到了实践运用。在所长的帮助下,许展强也学习到了课本上所没有的知识,比如说如何与老人、小孩等病患交流,如何最大程度地了解病患的基本情况、生活作息等,在大量的工作实践中,他把自己的青春和热血奉献给了家乡人民,把在学校学习到的知识搬到基层,为家乡父老提供更优质的医疗服务,逐渐成长为一名合格的农村医疗工作者。许展强表示,今后他会更加奋进,不忘初心,永葆一颗敬业的心,关心群众,救死扶伤。伟大的脱贫攻坚事业培养了许展强,成就了许展强,改变了许展强的命运。如今,许展强要回报家乡,做基层百姓的健康"守门人"。

图1　许展强在龙圩区广平镇平山村卫生室

图2　许展强为小孩检查

二、经验体会

滴水恩,终身报,"雨露计划"政策就像滴滴珍贵的雨露,滋润了求学若渴的困难学子,让他们圆梦校园,圆梦人生,其中不乏像许展强这样的优秀人才,接受了国家政策补助的"雨露"。如今许多在"雨露计划"政策帮助下的学子已经逐渐成长,在社会的各个岗位上焕发光芒,他们也始终铭记那点滴"雨露"的滋润,不忘初心,牢记使命,坚守在各自的岗位上,做社会主义建设的"螺丝钉"。

"雨露计划"政策是实现脱贫目标、斩断贫困根源、打赢脱贫攻坚战和大力推进乡村振兴工作的重要政策,是培养技能型人才、促进稳定就业、实现脱贫致富的治本之举,是提高脱贫人口素质,提高困难群众自我发展能力、实现稳定脱贫的关键措施。这几年,梧州市龙圩区广平镇党委和政府一直多举措加大"雨露计划"的宣传力度,村"两委"干部、帮扶干部主动帮助符合补助条件的学子落实补助,应补尽补,不漏一人,让惠民政策惠及更多困难学子,圆千家万户困难学子的上学梦,实现命运的转变,成为对国家对社会贡献出自己的一份建设力量的人才。

"雨露计划"助圆梦　促就业　固成果

——钦州市浦北县黎玲伶反哺医疗事业

【摘要】

浦北县六硍镇积极响应国家要求,以提高培训质量和促进转移就业为目标,促进"雨露计划+"的实施,助力脱贫户黎玲伶圆梦钦州市卫生学校,充分发挥脱贫户个人才能,帮助脱贫户毕业生黎玲伶及时就业,提高脱贫户家庭收入,巩固脱贫成效。

一、案例内容

浦北县六硍镇新华村委苋菜水自然村脱贫户黎祖略之女黎玲伶,在 2020 年 9 月成功拿到了钦州市卫生学校的录取通知书,家人沉浸在喜悦里时,黎玲伶却开心不起来。家人追问再三,她才坦言学校学费不低,继续深造将会给刚有起色的家带来不小的负担。听她说完,在场的村干部笑着告诉她,不用担心,国家考虑到脱贫家庭子女入学可能出现的问题,会给予读中职、高职的学生一定的补助,这个补助叫"雨露计划",享受"雨露计划"的学生每学期会有 1 200 元的助学金。

在家人的支持下,在村干部的精准施策下,黎玲伶搭上"雨露计划"的班车,在政策帮扶下,她突破所有困难,经过三年艰苦学习,黎玲伶最终以优秀的成绩顺利完成学业,于 2022 年 7 月从钦州市卫生学校护理专业毕业,获得大专学历。

毕业后的黎玲伶积极利用自身所学发展事业。其间,她主动和新华村村干部联系,参加了"雨露计划+"就业促进活动,经过钦州市第一人民医院的面试,最后顺利进入钦州市第一人民医院工作。

图1　黎玲伶在钦州市第一人民医院过妇女节

二、经验体会

实施"雨露计划+"就业促进行动,是巩固拓展脱贫攻坚成果的有力举措,"雨露计划"的实施,让脱贫质量更高、脱贫基础更扎实,让毕业生实现稳定就业,"雨露计划"毕业生所在家庭的工资性收入得到增长。下一步,我镇将进一步做好"雨露计划"毕业生就业服务和保障工作,坚持精准就业帮扶,不断加强岗位归集,深入推进"雨露计划+"就业促进行动。在全面摸清底数的基础上,建立数据台账和岗位需求清单,通过引导未就业"雨露计划"毕业生参加专场招聘会、就业推荐,动员社会力量为脱贫学子提供各类就业纾困机会等方式精准帮扶就业,为脱贫家庭托起稳稳的幸福。

薪火世间传　桂枝繁叶茂

——防城港市福旺镇颜桂花将爱传递

【摘要】

颜桂花一家来自福旺镇凤山村,作为脱贫户,家中仅有弱劳动力。颜桂花通过雨露计划政策的帮助,成功完成了在玉林师范学院的学业,毕业后成为优秀的人民教师,实现了稳定的就业和增收。她也积极担任帮扶干部,传递爱心,为更多学子提供帮助,减轻教育支出和负担。这是雨露计划政策在助力职业教育脱贫方面的鲜活案例。

一、案例内容

颜桂花,生于福旺镇凤山村,父早辞世,仅留下她、母亲、姐姐、弟弟相互扶持。然而,家庭失去了顶梁柱,使这个家庭陷入了巨大的困境。在贫困和艰难面前,他们并没有屈服,而是以顽强的意志和努力,书写了一段感人至深的励志故事。

政府和村委的关怀成为他们的坚强后盾。凭借政策的支持,他们被认定为建档立卡贫困户,获得了相关政策的帮助。此外,姑姑时不时的关照也给了他们温暖的陪伴。三位孩子面对巨大的生计压力,仍然毫不动摇地向前迈进。颜桂花的姐姐正在读本科四年级,弟弟保留学籍于高职高专二年级,甚至有一个兄弟去了遥远的北京成为一名士兵。他们用行动诠释了"生命不息,奋斗不止"的信念。

颜桂花的求学之路承载了她对未来的渴望。从2013年起,颜桂花在浦北县第六中学就读,而后在恩师颜唱的引荐下,获得了定向师范生名额,成功进入玉林师范学院小学教育专业学习。在学校期间,帮扶干部和村委人员为颜桂花申请了"雨露计划"的资助,每学期1 500元的补贴成为她家的"雨中甘露"。颜桂花深有感触地表示,这项政策为她们排除了后顾之忧,让她能够专心致志地学习,充实自己,不再向家人索要一分钱,成功地完成了学业,兢兢业业,成为一名人民教师。

颜桂花求学过程中，政府、村委和帮扶干部的关爱从未间断。颜桂花的家庭困难情况被深入了解，帮扶老师不仅积极收集她的个人信息，层层上报申请政策补贴，减轻了她的负担，还在学习和生活方面给予了细心指导。颜桂花的帮扶老师正是一名教师，恰好与她的学习专业相契合，为她的学业和未来职业生涯规划提供了宝贵建议。

小学教育专业的学习，让颜桂花的未来之路越发清晰。"雨露计划"的经济支持，让颜桂花能够安心学习，为她未来的教育事业打下了坚实基础。2021年，颜桂花毕业后成为福旺镇福旺小学的一名人民教师，担任6年级的数学和英语教师。工作的稳定为家庭带来了增收，同时，她在职场中也不断学习，将自己在师范学校和工作中积累的知识与技能应用于实际工作之中。

颜桂花的奋斗之路，是拼搏与坚持的真实写照，更是政策的温暖和帮扶力量的生动体现。颜桂花以自己的努力和付出，书写出了一篇感天动地的青春篇章，同时也是乡村振兴伟大事业的生动缩影。愿颜桂花的坚持和成就，激励更多的人积极向上，为美好的明天不懈努力。

图1　颜桂花在福旺镇福旺小学教学

二、经验体会

颜桂花的经历令人深思。政府、村委和帮扶干部的支持不仅帮助她度过困境,还为她提供了教育保障。从学习到工作,她受到无微不至的关怀。如今,她成为一名帮扶老师,从受助者变为助人者,实现了她为社会作出贡献的理想。颜桂花的事迹彰显了"雨露计划"政策对贫困学子助学的重要意义。这一政策功在当下,利在长远。政府、村委和帮扶干部应确保这一惠民措施得以落实,积极推动"雨露计划"职业学历教育补助,发挥教育帮扶的"造血"作用,助力乡村人才振兴,每个符合政策的学子都应享受政策的支持。这种精神契合社会主义核心价值观,为建设更美好的未来贡献力量。

雨露成涓流　芳华铸希望

——防城港市板城镇杨雪雪反哺乡村教育

【摘要】

杨雪雪,来自板城镇那芳村,其家庭是 2019 年脱贫户。杨雪雪从小时候起便勤奋学习,之后顺利考入南宁职业技术学院语文教育专业。然而,学费问题让杨雪雪陷入了困境。幸而,那芳村的驻村工作队及时行动,推广并贯彻了"雨露计划"政策。因此,杨雪雪得以专心学业,顺利毕业。随后,受到那芳村驻村工作队的感染,她坚定地选择了乡村教育,继续为乡村振兴贡献力量,谱写新篇章。

一、案例内容

钦州市钦北区板城镇那芳村有这样一名土生土长的有志青年——杨雪雪,村民们都唤她作"小杨"。小杨家是 2019 年脱贫户,家里并不富裕。她坚信知识改变命运,从小立志发奋学习。2016 年,小杨成功考入南宁职业技术学院语文教育专业,但她却为学费犯了难,即使她四处打工,临近上学时也尚未凑齐学费。彼时,那芳村驻村工作队发现到小杨家的困难,及时入户宣传并落实"雨露计划"政策。自此,每学期有了 1 500 元的学费补助后,小杨没有了经济压力,专注学习,于 2019 年顺利毕业。毕业后,小杨也曾有过迷茫,但在那芳村驻村工作队的跟踪帮扶下,她坚定选择乡村教育,入职钦州市灵山县太平镇镇南小学,继续书写着乡村振兴新篇章。

雨露浇灌下,小花成芳华。"妈妈,我考上啦!"小杨手里拿着南宁职业技术学院的录取通知书,眼里满是兴奋。语文教育是她从小梦想的专业,如今她终于如愿。但她看到妈妈的眼神里有一丝忧虑后,也瞬间明白过来。家里生活条件不好,2016 年时还是村里的贫困户,每年的学费成了横亘在现实和梦想间的一座天堑。暑假期间，小杨每天出去打工，但学费问题依然没能得到解决。教育在乡村振兴中发挥着基础性、先导性的作用。那芳村驻村工作队在日常走访中发现小杨家的困难后，高度重视，积极向上汇报争取政策支持。

"雨露计划"通过扶贫部门资助、引导农村贫困户初中、高中毕业生和青壮年劳动力接受学历教育和技能培训，实现脱贫致富。"雨露计划"既可以减轻小杨目前的学费压力，又能持续为小杨提供就业帮助，让小杨真正成长成才，带领家庭脱贫致富。事不宜迟，那芳村驻村第一书记马上进村入户，向小杨和其家人仔细解读政策。"'雨露计划'补助对象是我区 2015 年精准识别进入建档立卡数据库的 538 万扶贫对象中，接受中、高等职业学历教育，普通高校本科学历教育的学生和参加技能培训的青壮年劳动力。像小杨这样就读中、高等职业学历教育的，每学期可以补助 1 500 元。"听着详细的政策解读，小杨及其家人慢慢展露笑颜，继续上学不再是一种奢望。那芳村驻村工作队现场办公，为小杨办理好了相关手续，几个月后小杨顺利入学就读南宁职业技术学院语文教育专业。

"小杨，最近学习情况怎么样？有什么困难吗？雨露计划补助按时发放了吗？"那芳村驻村工作队在小杨就读期间持续跟踪了解她的学习情况，紧盯补助发放，确保政策落地实、见效真。"小杨，这些就业培训你可以参加。""小杨，这些招聘会你可以参加一下，这些就业机会也不错。"临近毕业，那芳村驻村工作队始终坚持发挥"雨露计划"的长效机制，通过各种途径引导小杨参与就业培训，增加就业机会，提升就业创业能力。

涓流沐浴中，芳华铸希望。在南宁职业技术学院就读的三年时间里，"雨露计划"学费补助按时发放，那芳村驻村工作队和各级部门时时关心关爱小杨的学业，小杨没有了后顾之忧，潜心钻研学业，专业能力得到进一步提升。临近毕业时，为了进一步发挥"雨露计划"的就业促进作用，那芳村驻村工作队积极向小杨推荐就业培训和就业机会。"小杨，现在你已经是一个合格的准老师了，有意愿支援我们乡村振兴工作吗？"面对橄榄枝，小杨陷入了沉思，回想起这三年来"雨露计划"的滋润帮助，她似乎下定了决心："'雨露计划'帮助我走出了大山,撑起了这个家。现在我也想帮助更多孩子走出一条乡村振兴路!"

未来正当时,炬火代代传。"同学们,下面请跟我一起诵读这篇文章……"现在,小杨已经成为一名乡村小学语文老师,每天积极备课,和同学谈心交友,和乡亲们推心置腹,帮助了一个个学生走上求学之路。小杨既是知心的"小杨"姐姐,又是"雨露计划"宣传大使,也是时时活跃的志愿者,真正把自己融入乡村振兴奋斗的图景中。

图 1 杨雪雪在钦州市灵山县太平镇镇南小学教学

图 2 杨雪雪在钦州市灵山县太平镇镇南小学教学

二、经验体会

　　杨雪雪的奋斗历程,不仅助她跨越难关,也为乡村教育点燃新希望。她的决定体现了对乡村振兴的坚守,符合社会主义核心价值观。她的职业目标已日益明确:"我要投身乡村教育,引导村里的孩子茁壮成才,将雨露变为涓流,滋润每一家。"

春风化细雨 启航向未来

——桂平市陆谊清插上梦想的翅膀

【摘要】

陆谊清,生于桂平市大洋镇石步村,家境贫寒。2018 年 8 月,她被广西幼儿高等专科学校录取,然而学费成为一家人的难题。在帮扶者李宇谨的悉心帮助下,陆谊清积极申请"雨露计划"资助,每学期 1 500 元的补助成为她追求知识与技能的支持。陆谊清坚韧不拔,努力学习,在校期间,她以高标准、严要求推动着自己。最终,陆谊清不仅顺利完成学业,还成功考入大洋镇社会事务和便民服务中心。在不断的拼搏与奋斗中,陆谊清展现出持续的进取与感恩之心,完成了真正的个人蜕变。

一、案例内容

2018 年,生活在广西桂平市大洋镇石步村的陆谊清,书写着求学的奋进篇章。高考成绩公布的 8 月,陆谊清迎来了人生的一个重要转折点,陆谊清考入广西幼儿高等专科学校,准备就读学前教育专业。然而,随之而来的是困难的阴影,一个普通家庭为学费愁眉不展。幸运的是,在这困难面前,帮扶人李宇谨成了他们的指路明灯,引领着陆谊清一家走出困境。

"雨露计划",如润泽之雨,滋润着贫困生求学之路。回望 2018 年,陆谊清怀揣希望,在大洋中学为理想奋斗。然而,家境拮据让她的前路充满不确定性。"家里经济情况十分拮据,考上了大学也不一定能读。"陆谊清的内心备受压力。就在此时,李宇谨带着责任和温暖,主动登门宣传"雨露计划"政策,成为他们的力量源泉。通过与陆谊清一家的沟通,李宇谨传递着政策的温暖和改变命运的信念,帮助他们积极申请"雨露计划"补助。虽然每学期 1 500 元的补助不多,却如同及时的春雨,滋润着这个家庭的求学梦想。"收到这些钱的时候,我感到很开心,也感受到了党和政府对我们的照顾与关心。那时候我暗自下定决心,我会以努力奋斗学好一技之长的方式回报社会。"陆谊清坚定地说道。

李宇谨是帮扶的使者,用责任心诠释着政策的落地和温情的传递。她的帮扶工作笔记本见证了岁月的轨迹,记录着她对教育事业的深厚情感:"十年树木,百年树人。教育是国家的百年大计,只有每个人都有机会接受教育,国家才有生机,我们的民族才有未来。让群众过上更好的生活,是我们党执政的理念,也是我一直努力的方向。"这份笃定和奋进,如阳光洒向大地,照亮了无数贫困家庭的希望。

2021年6月,陆谊清踏上毕业后的征程,在桂平市世纪精灵幼儿园工作,每月2 200元的收入,为她开启了新的人生篇章。然而,她并没有止步于此,她以无限的执着,边工作边学习,不断丰富自己的知识和能力。2022年10月,陆谊清再次实现了人生的跃升,考入桂平市大洋镇社会事务和便民服务中心,每月3 500元的工资,让陆谊清的家庭实现了持续增收。陆谊清深知,这些成就背后是教育的力量,是政策的温暖,更是自己努力的结晶。陆谊清坚信,未来的道路会越走越宽广。

在陆谊清的帮助下,2022大洋镇又成功帮扶了6户脱贫户。通过制订详细的帮扶措施,包括产业奖补、务工交通补贴、医疗保险等,陆谊清助力这些家庭实现了稳定增收,让每户年收入达到6万元,坚决守住了返贫的底线。

这个故事,是贫困家庭的奋斗史,更是社会帮扶的缩影。在困境面前,教育如雨露滋润,政策如阳光温暖。正是有了这样的坚强意志和无私奉献,我们的社会才更加温暖而美好。让我们一起,传承这份责任与希望,让更多人的人生在帮扶的光芒下绽放,共同创造更加幸福美满的明天。

二、经验体会

陆谊清虽然已经考上了事业单位并工作了一段时间,但对未来还有许多规划,比如考上乡镇公务员,在基层一线接续奋斗,为自己能帮助的人献出自己的绵薄之力,关爱化作阵阵春雨,连绵不绝。陆谊清说:"我很感激教育给我带来的机会,也感激党和政府为我提供的帮助。作为建档立卡贫困户,在学校学到的技能使我有了稳定的工作,工资能够缓解家里的经济困难。更重要的是,我有了不断奋进的动力和信心,这都是建立在良好的经济基础之上的。未来我将立足本职工作,做一名思考有深度、说话有分寸、做事有尺度、交友有原则、工作有标准,为人民服务的人民公仆。"

基层处投身　家乡根情深

——贵港市东津镇梁丽敏投身基层反哺家乡

【摘要】

党的十八大以来,东津镇深刻理解就业对于民生改善的重要性,积极践行"雨露计划",为寒门学子提供申报帮助,帮助他们完成学业并实现就业,助力家庭稳定脱贫,持续增加收入。就业扶持,技能提升,是改善生活的关键。这一举措以实际行动践行了社会主义核心价值观,为地方的脱贫攻坚贡献着重要力量。

一、案例内容

梁丽敏,1997年出生于东津镇郑村一个困苦的家庭,1999年其父亲因病去世,母亲随之也改嫁,留下了年幼的郑丽敏和妹妹跟着爷爷奶奶生活。虽然当时家里很困难,但是爷爷奶奶对俩孙女疼爱有加,一直鼓励梁丽敏和妹妹要努力读书,通过读书改变自己的命运,争取突破家里的困境,不管什么时候都要勇敢坚强。梁丽敏深知自己责任的重大,一直在心里对自己说,长大一定要让爷爷奶奶过上好生活,不辜负他们对自己的期待。

由于家庭的原因,梁丽敏从小便养成了不畏艰苦、诚实朴实的性格。在学校里,梁丽敏不和同学攀比生活条件,只是埋头苦读,努力学习理论知识,一心希望毕业后能找个好工作,改善家庭条件,赡养爷爷奶奶。

2016年,梁丽敏考上了柳州职业技术学院,在接到录取通知书的那一刻,梁丽敏内心无比喜悦,但是想到日渐衰老的爷爷奶奶和刚升高中的妹妹,喜悦的心情就像被泼了冷水一般一下就熄灭了。收入微薄的家庭难以承担起高额的学费,连上学都是一件如此奢侈的事。在梁丽敏还在读与不读之间难以抉择的时候,爷爷奶奶给予了支持,他们始终坚定地相信知识能改变命运,先让孙女完成学业,就是砸锅卖铁找亲朋好友借钱也要供孙女上完学。

2013年年底,梁丽敏和妹妹按程序被识别为建档立卡贫困户,村干部和帮扶干部针对梁丽敏和妹妹的实际情况从教育上为她们制订了详细的帮扶措施,并经常入户关心她们的生活,解决生活困难。梁丽敏大学入学当年,正值雨露计划资助政策出台的第一年,帮扶干部在了解到情况后,就第一时间和梁丽敏取得了联系,对国家的"雨露计划"政策进行了及时、详尽的宣传,并帮梁丽敏申请了"雨露计划",这样,每个学期梁丽敏都能按时收到1 500元的"雨露计划"补助款,一定程度上缓解了她的家庭经济压力,同时帮扶干部还帮助梁丽敏申请助学贷款,解决了学费问题,梁丽敏成功继续求学。在学校读书期间,梁丽敏省吃俭用,利用课余时间做各种兼职赚取生活费。

在政策的扶持和自身的努力下,梁丽敏于2019年顺利完成学业。毕业后梁丽敏想要尽快还清贷款,便去了广东上班,第一年还清了贷款后,梁丽敏想到养大自己的爷爷奶奶,毅然选择了回到贵港上班,2020年10月,在帮扶干部的宣传下,梁丽敏听说自己的家乡正要选举一名村团委书记,于是便勇敢报了名,同时主动找到党组织,向党组织说明了自己的来意。梁丽敏一直觉得,自己能完成学业,是因为党和政府给予了许多帮助、关怀,如果能回到家乡就业,不仅方便照顾年迈的爷爷奶奶,更是对党和政府的一种报答。

2021年,村"两委"换届,梁丽敏得到村民的大力支持,成为郑村的一名村干部。工作期间,梁丽敏勤勤恳恳,任劳任怨,全力配合其他村干部一起做好村委工作,宣传党和政府的方针政策,为村民谋福利,同时也积极关注村里的脱贫户,为他们送去力所能及的帮助。

二、经验体会

梁丽敏从小在党和政府的关怀下长大,她心怀感恩,现在把自己的青春奉献给了党和人民,扎根基层,把汗水挥洒在养育她的这片土地上,通过努力,家里的条件越来越好,也让爷爷奶奶过上了当初想要的幸福生活。梁丽敏表示,虽然从小生活困难,但是在众多人的帮助下,家里脱离了困境,对于党和政府,还有村民提供的帮助,一点一滴,自己将铭记于心,同时将不忘初心,继续扎根村里,不断践行全心全意为人民服务的宗旨,为家乡的建设贡献一份力量。

雨露润学子　照亮人生路

——贵港市港南区向少蓉投身党建基层工作

【摘要】

扶贫先扶智、富民先富脑,八塘街道将"雨露计划"作为一项暖民心的基础性惠民工程来抓好落实,扎实推进"雨露计划"教育资助工作,按照"用足用活用好、落实落地落细"的原则,不折不扣落实好"雨露计划"政策,发挥"雨露计划"政策的放大效应,做到政策能享尽享、应享尽享,减轻脱贫家庭子女就学经济压力,让"雨露计划"真正惠泽脱贫家庭学生,助推"寒门"学子圆求学梦,助其掌握一技之长,能就业、好就业、就好业,为脱贫家庭实现就业增收致富,切实巩固拓展脱贫攻坚成果,助力乡村振兴。

一、案例内容

家住港南区八塘街道高岭村的向少蓉,女,汉族,是八塘街道办事处的一名党建组织员。"雨露计划"资助政策帮她圆了教育梦和就业梦。

2017 年 8 月,高中毕业的向少蓉被广西民族师范学院新闻学专业录取,收到录取通知书的她心里百感交集。对比考得好成绩又被好学校录取的同届优秀同学,再对比放弃就读高中早早就业,现已穿红戴绿的初中同学,看着手里的录取通知书,再想想白发渐添的父母,向少蓉陷入了迷茫。去读自己喜欢的新闻专业,还是及早外出务工为父母减轻负担,如何抉择成了压在她心里的巨石。

向少蓉父亲向悦超、母亲周华双双在家务农,哥哥向乐南在广西交通职业技术学院就读。在村里,向少蓉的家境一般,除去向乐南就读大学的开销,向少蓉的学费也是全家人绕不开的障碍。她家的经济收入主要是靠其父母打零工,微薄的收入基本能维持家里的运转。

想到即将供养一个大学生，向悦超算了一笔账，女儿一年的学杂费生活费得两万多元，三年大学就是 6 万多元，这些钱得精打细算抠出来，然而，女儿的前途才是大事，夫妻俩商量后，一致全力支持向少蓉去上大学。

正在一筹莫展的时候，驻村干部的电话重燃了这个家庭的希望。他告知向少蓉，"雨露计划"是一项由扶贫部门通过资助、引导农村贫困户初中、高中毕业生和青壮年劳动力接受学历教育和技能培训，提高扶贫对象的素质，增强就业创业能力，实现脱贫致富的扶贫培训计划。

随后，向少蓉拿着录取通知书、学籍信息等材料到八塘街道扶贫办申请"雨露计划"，得到申请表后，再到中国银行办理开户卡，就完成了全部申报手续。申请通过后，向少蓉拿到了 5 000 元的"雨露计划"补助，这个助学行动，及时地为这个家庭送来了春风，像阳光一样洒向这个贫困家庭。

有了"雨露计划"的涓涓细流，向少蓉用自己的勤勤恳恳和不懈努力来回报"雨露计划"的润泽。大学期间她担任班长、学校宣传部副部长，荣获英语外研社优秀奖，在凭祥人民法院担任志愿者、在学校图书馆馆长办公室担任助理，表现优异，得到老师和同学的一致认可和喜爱。

2021 年 7 月，向少蓉以优异的成绩顺利从学校毕业。毕业不等于就业，面对日趋严峻的就业形势，向少蓉没有好高骛远，从到南宁的小试身手，再到回到家乡谋安身之道，她只用了一年的时间就找到了落脚点。

2022 年 6 月，恰逢八塘街道开展"雨露计划+"就业促进行动，向少蓉收到帮扶人给其推荐的党建组织员招聘信息，毅然决定回家乡参加党建组织员考试，经过笔试、面试层层选拔，她如愿考上了党建组织员。她工作积极，努力学习业务知识，成长为一名优秀的党建组织员。

向少蓉说："放弃了在大城市的各种发展可能性，回到家乡小城，我虽有遗憾，但是，一想到可以就近照料父母，我的心又坦然了。能够服务家乡，回报国家，去帮助更多需要帮助的人，是我最自豪的选择。"

二、经验体会

"有匪君子,如切如磋,如琢如磨"。谈起自己的未来职业规划,向少蓉是自信的。她说:"我要继续参加各类事业单位、公务员的招考,争取成为一名编内人员。我能有今天,离不开父母的支持,离不开老师、帮扶人和村干部的关心,更与国家'雨露计划'资助政策的帮扶分不开,'雨露计划'就是我读大学、就业的甘霖!"为了把"雨露计划"落实到位,让每一位符合条件的学子都能享受到国家的政策,在港南区乡村振兴局的指导下,八塘街道党工委、办事处充分动员驻村第一书记及驻村干部、社区网格员、村(社区)干等工作力量进村入户进行进一步筛查,及时告知符合条件的学生申请"雨露计划"补助,发放政策告知书。同时,还依托驻村帮扶微信工作群、村民大会等方式进行线上线下双宣传,及时推送"雨露计划"最新政策和相关信息,全面将"雨露计划"送达各家各户,帮助寒门学子通过"雨露计划"来延续自己的求学之路,为学子纾困解难,进一步培植乡村振兴人力资本,为乡村振兴注入内生动力催化剂。

沙河洒热血　巾帼谱新章

——玉林市博白县吴婷婷反哺乡村教育

【摘要】

博白县沙河镇双山村的吴婷婷,在雨露计划等国家政策的帮助下,努力学习,发奋图强,先后在桂林师范高等专科学校与广西师范大学取得大专和本科学历证书。毕业后,她积极响应建设家乡的号召,毅然回到沙河镇担任村小学老师,为家乡的发展与教育事业奉献自己的青春、智慧和热血,回报党和国家的栽培、实现父老乡亲们的期待。

一、案例内容

吴婷婷一家共 5 人,除自己外,家里还有 2 个弟弟需要上学。其母亲受疾病的困扰,不便进行工作,生活上还需要人照顾。家里的经济来源主要依靠其父亲在外打工,赚取微薄收入,但是上学和治病等各种支出让本不堪重负的家庭变得更加困难。

深知家庭困难的吴婷婷,从小就自立自强,在学习上更是刻苦努力。高中毕业后,吴婷婷进入桂林师范高等专科学校就读,在校期间表现良好,学习成绩靠前。在校期间吴婷婷曾多次获得雨露计划的补助,生活上有所缓解。同时她深感党和国家的帮助与恩情,这些帮助激励着她积极进取,在取得大专学历证书后,继续深造,参加自主考试进入到广西师范大学,并取得本科学历证书。

"我家里贫穷,单靠父亲的辛勤收入是很难支持我完成大学学业的,感谢党和国家出台的各种帮扶政策,让我能够获得雨露计划等有关补助,帮助我顺利完成学业。今后我一定会努力工作,帮助更多的人。"如今,吴婷婷已成为一名光荣的人民教师,悉心教育着班里每一名学生。

（一）教师岗位绽光芒

2019年，在得知沙河镇急需青年教师的时候，吴婷婷果断报名，并通过笔试与面试的筛选，在众多应聘者中脱颖而出，成为沙河镇沙河村小学的一名老师。"百年大计，教育为本"。吴婷婷深知教育工作者的职责与使命，为做好教学工作，她时常早早备课，细心研读教材写好教案，并向有经验的老师请教。在教学过程中，吴婷婷的讲解生动有趣，知识传授深入浅出，深受学生们喜爱。她主动担当，申请成为班主任，耐心管理好班级，在学习与生活上关心学生，成为学生的良师益友，积极引导学生树立正确的价值观。"一个人的力量是渺小的，但当这份力量可以为孩子们照亮前进的道路时，便不再渺小。"吴婷婷说道。现在，她所教授的班级学生成绩出色，为此受到家长和学校领导的赞扬。"这是我应该做的"，面对大家的肯定，她谦虚地微笑着。

图1 吴婷婷正在教学

（二）热爱家庭暖家人

参加工作后，一有时间，吴婷婷都会回家看看，照顾家人，帮忙做家务，做农活。作为家中长女，她以身作则，时常督促两个弟弟努力学习，现在两个弟弟1

人就读本科,1 人即将参加高考,圆梦大学。现有了稳定工作收入后,她仍保持艰苦奋斗,不铺张浪费,勤俭节约,把钱攒下来,补贴给家里。"家境贫寒的我,能够读完大学是很不容易的。有的家庭贫苦学生,因为经济原因而错失大学。而我的家里人对于我上大学,一直给予支持,我很感谢我的家人,现在我有能力工作了,我就有责任照顾好家里。"她深情地说道。工作后的她,为家庭献力献智,并促进增收,助力家庭稳定脱贫,一步一步走向更美好的生活。

(三)传递帮扶正能量

从家庭困难到后面稳定脱贫,一路走来,吴婷婷一家离不开帮扶干部的指导与帮助。"我很感激帮扶干部对我家提供的帮助,他们总是按期走访,了解我家里的情况,制定有效的帮扶措施,给我们申请相应的补贴补助,解决我们生活上的难题,帮助我成长,使我家慢慢走出贫困。"如今,吴婷婷作为教师干部,接过帮扶的接力棒,帮助着沙河镇沙河村的黄信榕户,该户因病致贫,吴婷婷帮扶走访之时,会带上水果之类,表达对黄信榕家的关心,她耐心地与黄信榕的家人交谈,悉心了解他们的生活生产情况,以及遇到的困难,协助解决。吴婷婷时常为他们宣传健康帮扶政策、推荐合适的就业岗位,鼓励该户的劳动力就业增收,引导他们逐步走向"自主脱贫"。

从小就想当老师的吴婷婷,现在已圆了儿时梦想。今后,她会继续在教师的岗位上辛勤耕耘,给广大学生传授知识。她将不断地自我充电,通过多种方式的学习,提升自身知识与品格修养,向全国优秀教师看齐,以更高的要求约束自己,在传播知识的同时,也传递温暖,争取为更多的学生照亮前进的道路。

二、经验体会

就业是民生之本。就业稳定,收入才能稳定,人民群众才能生活得有底气、有干劲。实现就业,提升就业技能是关键。授人以鱼,不如授人以渔,"雨露计划"让职业教育充分发挥"扶技、扶智、扶志"的作用。为切实巩固拓展脱贫攻坚成果,沙河镇始终把"雨露计划"作为全面推动教育扶贫的重要民生工程常抓不懈,通过实施"雨露计划",不仅进一步激发了贫困中、高职学生的自我发展能力,更缓解了他们的家庭经济压力。下一步沙河镇将持续认真落实"雨露计划"助学政策,进一步加强政策宣传力度,更好地确保政策全面覆盖受益人群。

雨露润农家　铺成就业路

——百色市德保县岑丽川反哺乡村振兴工作

【摘要】

岑丽川，来自广西德保县燕峒乡兴旺村，是一名乡村振兴村级协理员。她先后经历了迷茫、坚定理想和努力成长的过程。在"雨露计划"的支持下，岑丽川顺利毕业于桂林理工大学人力资源管理专业，并在 2022 年 7 月成为合格的乡村振兴村级协理员。这一过程承载了她的大学梦和就业梦，也是她勇敢和奋斗的见证。

一、案例内容

家住德保县燕峒乡兴旺村足汉屯的岑丽川，女，壮族。高中毕业的岑丽川被桂林理工大学录取，在收到录取通知书后，她心里百感交集。对比同届优秀同学，再对比早就踏上社会的初中同学，她看着手里的录取通知书，再看家里多年不变的房子，再想想日渐佝偻的父母，岑丽川陷入了迷茫，是去读自己喜欢的大学，还是及早外出务工为父母减轻负担，如何抉择成了压在她心里的巨石。岑丽川的家境一般，家里还有一个姐姐和一个弟弟，她家的经济来源主要是靠父母外出务工收入。父亲得知女儿被学校录取了，满心欢喜，但想到即将要供养一个大学生，未来就读大学的开销始终是全家人绕不开的障碍，他简单算了一笔账，女儿 1 年的学杂费路费得 1 万多元，每学年的生活费也得 1 万多元，4 年大学就是 8 万多元，这些钱需要精打细算抠出来。然而，女儿的前途才是大事，夫妻俩商量后，一致全力支持岑丽川去上大学，一家子劲往一处使，先让孩子完成学业，就是找亲戚借钱也要供孩子上大学。

岑丽川大学入学当年，恰逢雨露计划资助政策正在推进。为全面落实该项政策,德保县加大政策宣传力度,启动了相应的雨露计划宣传活动。帮扶人立即与岑丽川家长取得了联系,对"雨露计划"政策及时进行了详尽的宣传。岑丽川得知就读中、高等职业院校期间,只需要填报相关表格就可申请到补助,每个学期帮扶人都会帮忙填写在校就读确认书,然后交到对应乡镇,就完成了"雨露计划"补助的申请。就这样每个学期岑丽川家的社保卡上都能按时收到"雨露计划"补助款。"雨露计划"的涓涓细流,再加上父母勤勤恳恳的劳作供读、亲戚朋友的慷慨解囊以及自身的不懈努力,岑丽川以优秀的学习成绩顺利从桂林理工大学毕业。

毕业不等于就业,岑丽川毕业时就业形势相当严峻。面对日趋严峻的就业形势,岑丽川没有好高骛远,早在大学毕业的前一年,她就积极参加各种双选会,每当有企业到学校里进行宣讲,只要有时间每一场宣讲会她都会参加。在这毕业的半年里,既有帮扶人一直以来的关心过问,也有乡村干部走村串户不厌其烦的岗位推介。"曾经沧海难为水",岑丽川的就业路是自己走出来的,也是吃苦耐劳的家风家教教化出来的。小山村普通的农村家庭,让岑丽川从小养成了节俭的好习惯。

2022年7月岑丽川一毕就直接在桂林找机会、找工作。同年自治区为促进就业,巩固脱贫攻坚成果,特地推出广西乡村振兴村级协理员招聘考试。岑丽川在看了公告后,顿时眼前一亮,薪资相当不错,离家也近,也方便就近照料父母,这简直就是她就业的最佳选择。她既做思想上的巨人,也不做行动上的矮子,报名参加了乡村振兴村级协理员的考试。经过努力的学习,她通过了笔试与面试,最终被录取为燕峒乡燕峒村的乡村振兴村级协理员。她的月工资扣除五险一金后为3790元。她吃苦耐劳、认真肯干,抗压能力强,爱岗敬业,扎实工作,积极进取,克服驻村工作量大的困难,她的加入大大提高了村里的办事效率,得到了村"两委"的一致好评。目前她工作稳定,算是落稳了脚跟。

图 1　岑丽川学习"雨露计划"宣传知识

图 2　岑丽川在入户宣传政策

图3 岑丽川为老人做生存认证

二、经验体会

谈起自己的未来职业规划,岑丽川是自信的。她要继续参加公务员考试、各类事业单位的招考,努力争取成为一名编内人员,还要不断学习精进自己的职业技能,谈一场甜甜的恋爱,组建一个幸福美满的小家庭,过属于自己的美满小日子。岑丽川说:"我能有今天,离不开父母的支持,离不开老师的关心,更与'雨露计划'的帮扶分不开,可以说,'雨露计划'就是我读大学、当乡村振兴村级协理员的甘霖!"

我"雨"乡村 一"露"前行

——百色市隆林各族自治县丁阿果成为乡村振兴队伍一员

【摘要】

丁阿果,男,苗族,2022 年毕业于桂林师范高等专科学校,2022 年 12 月起担任大庆村乡村振兴协理员一职。大学期间丁阿果一直享受"雨露计划"政策资助。丁阿果是一名建档立卡户家庭的孩子,家里还有一个哥哥和年迈的母亲,家庭条件一般。在党的领导下,在种种帮扶政策和教育保障下,丁阿果家的生活得到改善,丁阿果也在"雨露计划"资助政策的帮助下一路前行。"雨露计划"解决了家庭棘手的经济困难,丁阿果以优异的成绩完成梦寐以求的大学之旅。

一、案例内容

(一)感恩"雨露" 回报有情

丁阿果,男,苗族,家住隆林各族自治县克长乡大庆村龙芒水头屯,现在是隆林自治县克长乡大庆村的一名乡村振兴协理员。"雨露计划"资助政策帮助他从山旮旯里走出去,圆了大学梦。

2019 年至 2022 年,阿果在"雨露计划"资助政策的帮助下从桂林师范高等专科学校现代教育技术专业顺利毕业。凭着坚韧不拔的意志力阿果通过了理论知识的考试,成为一名乡村振兴协理员。他一贯勤俭节约,艰苦朴素,这份工作的月薪虽然不高,但也让他能够自食其力,成为母亲的骄傲、也成为家庭的骄傲。

(二)少年也曾迷茫

2019 年 6 月,高中毕业的阿果被桂林师范高等专科学校现代教育技术专业录取,面对昂贵的学费,给本就困难的家庭增加了层层压力,收到录取通知书的他内心是百感交集的,他看着手里的录取通知书,脑海里浮现的不是对大学校园的憧憬,而是那狭小拥挤十几年如一的房屋,白发渐添、日渐佝偻的母亲和让人望而却步的高昂学费……这让阿果一度陷入了迷茫。每当夜幕降临时他总会陷入一度的深思,自己是应该继续完成学业,充盈自己,还是和哥哥一样尽早出到社会务工挣钱为母亲减轻负担,如何抉择成了压在他心里的巨石。

（三）选择知识改变命运

阿果并不是家里唯一的孩子,家里还有一位哥哥,父亲已去世,只有母亲在家务农。在村里,阿果的家境一般,如果选择继续升学,读大学的学费终将是全家人最大的开销。他家的经济来源主要依赖于种植业和养殖,母亲常年种植玉米 10 亩,养殖生猪 5~6 头,幸好近几年来猪价相对较高,这才减轻了家里不小的负担。

得知阿果被大学录取了,并且还是他从小就热爱的教育专业,阿果的母亲满心欢喜,但又忧心不已,家里的房子急需翻修,本想扩大养殖业规模却又缺乏人手,加之田地分散,收种和管理玉米,几乎可以一年忙到头……想到即将要供养一个大学生,阿果的母亲便算了算阿果一年的学杂费路费,怎么也得一万多,每学年的生活费也得 1 万多元,3 年大学就是 6 万多元,这些钱就算省吃俭用、精打细算抠出来也远远不够啊！然而对于一位母亲来说孩子的前途才是大事,经商量后,家里一致全力支持阿果去桂林上大学,掌握一技之长,寻求立身之本。为了让孩子顺利完成学业,一家子劲往一处使,就算是东拼西凑借钱也要供孩子上完大学。

（四）雨露润泽农家

阿果大学入学当年,正逢"雨露计划"政策实施阶段。为全面落实该项政策,隆林各族自治县加大政策宣传力度,启动了"雨露计划宣传月"活动,各乡镇和村委会成为"雨露计划"政策宣传的主力军。王启明是克长乡大庆村党支部的一名普通村支书,也是大庆村龙芒屯片区"雨露计划"的负责人。得知阿果收到了大学的录取通知书,他就第一时间和阿果母子取得了联系,对国家的"雨露计划"政策及时进行了详尽的宣传。得知建档立卡贫困户的子女就读中、高等职业院校期间,只需要填报相关表格就可申请到补助,这也让阿果的母亲如释重负了。

随后,每个学期,王启明支书都会确认阿果的在校就读情况,由王启明支书将学生在校确认书等相关材料,统一交给克长乡扶贫站负责的工作人员。就这样,每学期阿果家的卡上都能按时收到 1 500 元的"雨露计划"补助款。从 2019 年 9 月入学到毕业,阿果家共计收到了 6 个学期 9 000 元的补助。

阿果说:"学校里有很多和我一样的建档立卡户子女。"有了"雨露计划"的涓涓细流,加上母亲勤勤恳恳的劳作供读、亲戚朋友的帮忙以及自身的不懈努力,阿果也不负众望,以零挂科、教资考试一次过、专业成绩优秀等表现,顺利从桂林师范高等专科学校现代教育技术专业毕业。

图 1　2023 年 2 月隆林各族自治县工作人员入户走访脱贫户了解户信息、宣传"点对点"乘车政策

（五）就业不忘感恩

毕业等于就业，面对日趋严峻的就业形势，阿果没有望而却步，从到桂林小试身手，再到回家乡隆林各自治县谋安身之道，他用了很长时间终于找到了落脚点。在这期间，既有王启明支书一直以来的关心过问，也有乡村干部走村串户不厌其烦的岗位推介。"曾经沧海难为水，除却巫山不是云"，阿果的就业路是靠党和政府政策支持走出来的，也是吃苦耐劳的家风家教教化出来的。

图2　2022年初，丁阿果参加青年志愿者活动

可能是生于农村长于农村原因，让阿果从小养成了节俭的好习惯。高中三年，他每个月的生活费不超过300元，专科三年，他每个月的生活费从不超过800元，2022年6月一毕业，阿果便直接去桂林找工作，寻找机会，他应聘了教育培训机构，月薪是1 800元，去除房租费、水电费、交通费和饭钱，所剩无几。由于处处碰壁，2022年7月阿果毅然决定回到家乡隆林各族自治县寻找就业机

会;2022 年 8 月,大庆村党支部支书王启明和乡、村干部在日常走村串户中发现丁阿果在家待业,而村党支部信息员岗位空缺,在征求得阿果和其家人的同意后他们推荐阿果到村部担任信息员一职。任职期间,阿果认真工作,爱岗敬业,秉承着党的工作理念,全心全意为人民服务,积累了很多基层工作经验,思想和能力都得到了很大的提升。

古人云"有志者事竟成",机会都是留给有准备的人的,阿果任职信息员期间恰逢广西乡村振兴局发布协理员招聘公告,他把握机会报名考试。经过努力看书学习积累知识,最终他凭借自身的工作经验以及扎实的教育专业知识,顺利地通过了笔试、面试和体检,成为克长乡大庆村的乡村振兴村级协理员,对阿果来说这是他目前的最佳就业途径,当然这只是开始不是结束。

在新岗位的工作中阿果不仅做到了深入了解群众需求、明确今后目标、制订工作计划、严格落实各项工作要求、总结工作经验,并暗自下定决心在今后的工作中,与同事团结一心,共同努力,为乡村振兴贡献自己的力量。

二、经验体会

谈到自己未来的职业规划,阿果是自信的。他说:"今后我还要继续参加各类事业单位和公务员的招考,争取成为一名编内人员,有一份稳定的工作,还要在学业上继续读个本科,谈一场恋爱,组建一个踏实幸福的小家庭,过上属于自己的美满小日子。"阿果常言:"我能有今天,离不开家人的支持,离不开支书的关心,离不开党的领导,更离不开国家'雨露计划'政策的帮扶。如果没有'雨露计划'政策,我可能早早就到社会上飘荡去了,可以说'雨露计划'助学政策就是我读大学、成功回报家乡的甘霖!"

雨露润苗壮 引雁"归巢"来

——贺州市傅健"雨露计划+"就业促进行动典型人物

【摘要】

傅健,中共党员,文竹镇大广村人,现担任文竹镇大广村党总支部书记、村委主任。傅健曾在部队服役五年,退伍后积极返乡创业,为改变家乡落后面貌,毅然选择竞选成为一名村干部。为提升学历更好地服务群众,他积极报考全日制大专院校继续学习深造,其间享受了"雨露计划"政策补助。2021年换届他当选为村委副主任,2023年4月被推选为村党总支部书记兼村委主任,负责全面统筹协调全村工作,他积极发挥党建引领作用,不断激发乡村振兴新活力,躬行实践,反哺家乡,助力乡村蝶变。

一、案例内容

傅健,男,1990年4月出生于昭平县文竹镇大广村,现担任大广村党总支部书记兼村委主任,系脱贫户傅德昌之子。

2007年,傅健在柳州畜牧兽医学校就读,毕业后参军,在部队服役5年,退伍后积极返乡创业。2012年傅健加入中国共产党,2017年换届后担任村党支部委员。2019年11月傅健选择继续深造学习,就读于广西工程职业学院建筑工程技术专业,2022年6月毕业。就读期间傅健一直享受"雨露计划"政策补助。

2017年,距离傅健结束5年军旅生涯返乡创业已有5年之久,当时的大广村还是未摘帽的贫困村,同时也是全镇贫困发生率最高的一个村,脱贫攻坚任务重、难度大,简单概括就是"地贫人穷"。作为一名土生土长的大广人,傅健便下定决心,要改变家乡的落后局面,于是他选择到村委工作,成为村党支部的一名委员。

图 1　傅健在大广村村委办公室

随着这几年基层工作越来越繁杂，对于村干部的学历要求也越来越高，只有中职学历的傅健意识到，要想成为一名合格的村干部，更好地服务群众，就必须提高自己的学历。于是，2019 年傅健报考了广西工程职业学院，重返校园提升自己。作为家里唯一的青壮年劳动力，当时已经年近 30 的傅健选择全日制教学是需要一定勇气的，对于普通的农村家庭来说，这个年纪早已成为家庭经济来源的顶梁柱，而傅健必须放弃一定的工作时间以完成课程，这无疑给家里增添了不小的经济压力。但幸运的是，傅健赶上了国家的好政策，作为建档立卡贫困户的傅健，可以享受到"雨露计划"政策，每个学期领取的补助极大缓解了傅健就学的经济压力，帮助傅健顺利完成了学业。

2021 年换届，傅健当选为村委副主任，2023 年 4 月起他更是一肩挑起了村党总支部书记兼村委主任的重担，成为村里的"领头雁"。

"党和政府给予了我很多的帮助，让我享受到'雨露计划'这项政策，大大减轻了我上学期间的经济压力，让我顺利完成了学业，有机会竞选成为一名村干部，为家乡的发展贡献自己一份力量。"傅健说。

在担任村干部期间，傅健时时处处以军人和党员的双重标准严格要求自己,始终把群众满意作为衡量工作成效的根本标准,主动从群众最盼、最愿、最急、最难的事情做起,以民为本,无私奉献,恪尽职守,自我加压,以实际行动实践习近平新时代中国特色社会主义思想,践行基层党员先进性。

　　傅健忠实履行工作职责,尤其注重为民办事服务,竭力解决群众的急难愁盼。为帮助村民们发展致富,振兴大广村,傅健与村干部们一同做出了许多努力。一是坚持把建强村"两委"班子、夯实村级组织作为硬任务硬指标,抓紧抓实抓好,为脱贫攻坚成果同乡村振兴有效衔接工作提供坚强的政治保障、组织保障;二是以巩固拓展脱贫攻坚成果同乡村振兴有效衔接为抓手,结合"全面遍访+日常走访+重点走访"方式,紧盯"两不愁三保障"和饮水安全硬指标,同时聚焦脱贫人口稳岗就业、产业发展、易地搬迁后续扶持、乡村建设和乡村治理等方面,极大地改善了村民生活,丰富村民菜篮子,实现增收;三是通过出租大广村原来的竹鼠基地养殖场给文竹纸社村养殖鹧鸪获得租金、国家生态林补偿金和利用两广协作扶持资金入股昭平县将军峰茶业股份有限公司获得分红等方式,发展壮大村级集体经济,夯实经济基础。

图2　傅健日常入户走访脱贫户了解家庭情况

　　傅健不遗余力地为群众办实事、办好事,赢得了群众的理解和支持,坚持干群一心、共谋发展的原则,实现了村庄经济和各项事业的长足发展,用实际行动让一个贫困的山村焕发出新的生机与活力,成为引领群众发展致富的"主心骨""领头雁"。

二、经验体会

"雨露计划"作为一项为贫困家庭量身打造的职业技能提升计划,帮助了许多贫困学生圆了读书梦,为他们今后的求职就业打下了坚实基础,而傅健就是其中的政策受益者,也是在党和政府的帮助和引领下的就业典型之一。"雨露计划"政策让傅健接受了高等教育,让他在思想和行动上得到提升,使傅健有机会成为一名村干部,发挥自身"领头雁"和党员模范带头作用,进一步回馈家乡、反哺家乡,助力家乡乡村振兴事业。

雨露计划助求知 学成归来助乡村

——河池市天峨县李艳情"雨露计划+"就业促进行动典型人物

【摘要】

李艳情,女,天峨县向阳镇燕来村人,现任六排镇索法村防贫监测信息员。小李家是向阳镇建档立卡贫困户,小李也是雨露计划的受益学生之一。就读大学期间,雨露计划补助有效缓解了小李的家庭经济压力,让她能顺利完成本科学业。在校期间,小李刻苦努力学习,不断充实自己的专业知识,思想认识得到提高,成为一名合格的大学生。毕业后,小李立志要把所学的知识回报社会,先后报名参加大学生西部计划志愿者、防贫监测信息员,在自身工作岗位上发挥能量,实现人生价值。

一、案例内容

小李的家庭原居住在天峨县向阳镇燕来村,家庭人口 4 人,由于家庭经济困难,按程序被识别为建档立卡贫困户。在政府和帮扶干部的帮助下,小李家通过易地扶贫搬迁政策,搬迁到六排镇长安家园社区搬迁点居住,并通过自身的努力,于 2018 年光荣脱贫。2015 年小李考入南宁师范大学师园学院国际经济与贸易专业,但家庭经济拮据难以支持小李的学业,而雨露计划为小李实现个人成长,圆梦大学和发挥人生价值提供了强大助力。

2015 年 9 月,小李考入南宁师范大学师园学院国际经济与贸易专业,在接到录取通知书的那一刻,她内心无比激动,多年以来的大学梦终于要实现了,但是高昂的学费和家庭的现实状况让小李犯起了难。在贫困地区长大的小李,曾目睹不少当地的哥哥姐姐们因家庭困难不得不放弃学业外出务工,考虑到自己家也并不富裕,小李犹豫了,萌生了放弃学业早早打工挣钱以补贴这个拮据家庭的想法。当帮扶干部获悉这一情况后，及时向她宣传雨露计划补助政策，鼓励她一定要完成学业掌握一技之长，并积极做好她父母的思想工作，还帮助她收集相关材料，办理申请雨露计划补助。雨露计划补助不仅减轻了小李家的经济负担，更让小李家感受到了党和政府给予的温暖和支持，吃下了"定心丸"，能够无后顾之忧地供小李安心读完大学。同时，国家实施的大学生西部计划、推进乡村振兴战略等政策，增加了就业岗位，为小李学业有成后回报社会实现人生价值，提供了发展平台。

2015 年 9 月小李开始步入大学生活，在良师的精心指导下，通过奋力拼搏，自强不息，逐渐成为一个能适应社会需求的大学生，并为做一名知识型的社会主义建设者打下了坚实的基础。四年的大学生活，使她对世界观、人生观、价值观都有了很深的认识，特别是对党的认识更深。思想上，她积极上进，热爱共产党，理想信念坚定；学习上，她勤奋刻苦，对专业课学习热情高，尤其在教师技能训练方面积极主动，利用空闲时间去训练教师技能。并且，小李顺利通过了小学教师资格证、全国计算机等级考试一级考试、普通话水平测试等考试。

"真的很感谢党，感谢政府，感谢雨露计划这个好政策，我现在毕业了，也要为乡村振兴做点什么！"小李坚定地说道。2019 年 6 月，小李大学毕业，9 月正式入职，成为玉林市博白县那林镇扶贫站大学生西部计划的志愿者，两年的服务期使她对脱贫、乡村振兴的工作产生浓厚兴趣。2021 年 9 月服务期满后，小李满志踌躇地回到家乡参加六排镇防贫监测信息员招考，并在众多考生中脱颖而出，成为六排镇索法村的防贫监测信息员。在工作中，她兢兢业业，时刻关注脱贫户家庭情况，了解各类支出收入，发现收支异常及时联系帮扶对象和帮扶干部，进行及时提醒；她对数据负责，每天定时打开系统进行日常数据比对，数据异常时及时核实清洗；在做好本职工作之余，她还协助索法村开展产业奖补、脱贫户遍访、过渡期政策宣传等工作，受到村"两委"和脱贫户的一致好评。她深感巩固拓展脱贫攻坚成果同乡村振兴有效衔接意义深远、责任重大。特别是作为一名享受过脱贫攻坚期政策的受益者，更应该运用自己在大学四年学到的知识,深入基层,为乡村振兴工作增砖添瓦,并在日常努力提高自身业务能力和技能水平,因为只有这样,才能回馈社会。2021年10月,小李在所在党支部提交了入党申请书,现已成为一名光荣的入党积极分子,她时常以一名优秀党员的标准要求自己,一丝不苟,勇于承担。

图1 李艳情日常工作

图2 李艳情在参加支部主题党日活动(左一)

二、经验体会

教育是事关人民福祉的民心工程,关联千家万户,惠及子孙后代,落实教育帮扶工作意义重大。对脱贫户家庭而言,增加就业是最有效最直接的增收方式,而接受教育则是增加就业机会的最佳途径。雨露计划缓解了脱贫家庭学子的就学压力,提升了学生们学习专业技能的信心,让雨露计划毕业生实现更加充分、更高质量的就业,能为千千万万个家庭带来希望,为巩固拓展技能脱贫成果,全面推进乡村振兴提供更有力的人才支撑。

小李时常说:"感谢曾经帮助我的爱心人士和国家的好政策,从高中到大学,我得到了社会的很多关爱、支持和帮助,也感谢我的爸爸妈妈,是有了家庭的支持才有了今天的我。"今后她会更加奋进,向优秀的前辈看齐,不忘初心、牢记使命,永葆一颗诚挚的热心,积极投身于乡村振兴工作中,以一名优秀的共产党员要求自己,在有生之年为社会作出应有的贡献,给有需要的人带来温暖。

心系脱贫学子，全心助力成长

——贺州市昭平县莫家鸿圆梦

【摘要】

家住广西壮族自治区贺州市昭平县走马镇庙枬村的莫家鸿，男，汉族，目前是昭平县走马镇庙枬村的一名乡村振兴村级协理员，也是"雨露计划+"资助政策受助人员之一。莫家鸿获得录取通知书时，在老师和帮扶联系人口中得知"雨露计划"政策，并在镇村工作组的帮助下申请"雨露计划"补助资金，圆了大学梦。毕业之后，镇村工作组主动了解其莫家鸿的就业情况，得知莫家鸿尚未就业时，向其推荐工作、提供技能培训，帮助莫家鸿完成了就业梦。在政府与村委的联合帮助下，莫家鸿努力学习，不负众望，考上了乡村振兴村级协理员的岗位，如今已经实现经济独立，成为令同龄人羡慕的有为青年。

一、案例内容

莫家鸿是家里的长孙，爷爷莫若度，在家养老，父亲莫宇广，母亲娄冬梅，双双在家务农，弟弟莫家坤，当时也在县城一中就读。在村里，莫家鸿的家境一般，家庭经济收入主要是来源于种植业，家里常年种植茶叶 2.5 亩，幸好父亲莫宇广近几年打打零工，有了零碎的收入才减轻了家庭的负担。

2017 年 8 月，莫家鸿被桂林电子科技大学信息科技学院计算机科学与技术专业录取，收到录取通知书的他心里百感交集。对比考取到好学校的优秀的高中同学，再对比放弃就读高中出去创业有成的初中同学，看着手里的二本录取通知书，看着家里十几年都没多大变化的房子，看着白发渐添、日渐佝偻的父母，莫家鸿陷入了迷茫。

读自己喜欢的计算机科学与技术专业,还是及早外出务工为父母减轻负担,如何抉择成了压在他心里的巨石。

在得知儿子被本科学校录取,还是他从小就喜欢的计算机科学与技术专业,莫宇广夫妻满心欢喜,但又忧心不已。家里需要供养两个孩子上学,小儿子过两年也将走上大学的道路,想扩大茶叶种植面积又没有多余的荒地,加之田地分散收种和管理玉米、蔬菜、番薯等农作物,几乎可以一年忙到头……想到即将供养一个大学生,开销将会大大增加。莫宇广算了一笔账,儿子1年的学杂费路费得2万多元,每学年的生活费也得1万多元,4年大学就是12万多元,这些钱得精打细算抠出来。然而,儿子的前途才是大事。夫妻俩商量后,一致全力支持莫家鸿去上大学,去学计算机!一家子劲往一处使,先让孩子完成学业,就是找亲戚借钱也要供孩子上大学。

图1　莫家鸿在庙枰村村委办公室

莫家鸿大学入学当年,正值雨露计划资助政策出台的第二阶段。通过高中班主任梁民军、帮扶联系人以及走马镇包村工作组的帮助,莫家鸿知道了"雨露计划"政策,并申请成功,一次性获得 5 000 元的补助,解决了当年报名费用高的难题。

2021 年 6 月,莫家鸿一毕业,就来到广东东莞找工作。莫家鸿应聘了一家网络公司,上班一个月,只拿到 2 000 元的工资,除去水电费、交通费和饭钱,所剩无几。在外兜兜转转到 8 月底,莫家鸿在镇村工作组的宣传中得知了家乡的工作岗位正在招人,毅然决定回家考编找工作,在家乡谋安身之道。2022 年 11 月,莫家鸿参加了昭平县乡村振兴村级协理员的招考考试,被成功录取,并被分配在庙枞村委,莫家鸿用一年时间终于找到了落脚点。目前,莫家鸿工作稳定,算是落稳了脚跟。

图 2　莫家鸿下村给农户宣传政策

这一年里,既有朋友、师长一直以来的关心过问,也有乡镇干部走村串户不厌其烦的岗位推介。在村委工作,既可以就近照料父母,又可以为家乡建设贡献一己之力,这对莫家鸿来说无疑是最佳的就业岗位。

在"雨露计划"教育补助政策的帮扶下,莫家鸿在读大学时得到了资金方面的帮助,毕业后,得到了"雨露计划+"就业促进行动的就业推荐,在政策的扶持与本人的不懈努力下成功实现就业。

莫家鸿十分珍惜这份意义重大的工作,认真履行工作职责,尤其注重为民办事服务,竭力解决群众的急难愁盼。在推进乡村建设、乡村治理、农村人居环境整治、巩固拓展脱贫攻坚成果等方面,莫家鸿与村干部们一同做出了许多努力。一是坚持从群众中来到群众中去,常态化做好入户走访工作,持续关注群众"三保障"与饮水安全,关注道路硬化后续工作,保障乡村振兴战略落实到位;二是注重团队合作,主动融入村"两委"工作队伍中,发挥自身优势,协助做好防止返贫、产业验收、城乡居民医疗保险缴费、黄龙病树砍伐、新时代文明实践站建设等工作,为增强团队力量做出努力,同时,莫家鸿积极组织并参与到形式多样的志愿服务活动中为民服务,着力打通服务群众的最后一公里;三是通过与企业力量合作,继续加深庙枒村合作社与永福县成芳罗汉果种植专业合作社昭平分社合作,有效地带动本地产业发展,显著提高经济收入,并进一步加强招商引资工作,鼓励更多的企业入驻,切实解决群众就业难、发展产业难问题。

二、经验体会

雨露计划政策给脱贫户子女的梦想插上了"翅膀",给农户家里送去了党和政府的关爱之"风",有政策的保驾护航,有帮扶单位及帮扶干部提供的就业指导引路,雨露计划学生作为掌舵者,得以乘风破浪,扬帆起航,"让青春在不懈奋斗中绽放绚丽之花"。另外,脱贫户家中也实现了就业增收,生活蒸蒸日上。

"雨露计划"助力脱贫学子变身"禁毒卫士"

——崇左市天等县何海丽守护家国平安

【摘要】

为帮助脱贫家庭新成长劳动力实现高质量就业,由国家乡村振兴局、教育部、人力资源和社会保障部共同实施的"雨露计划+"就业促进行动,奋力续写雨露计划的"后半篇"文章,促进脱贫家庭新成长劳动力更加充分和更高质量地就业。天等县东平镇的何海丽就是国家实施"雨露计划"政策的受益者之一。通过享受"雨露计划"中、高职业学历学生补贴,她顺利地完成大学学业,成为一名"禁毒卫士",全家人也在党和政府的帮扶下摆脱了贫困。毕业后她成为禁毒社工,用自己的微薄之力,为禁毒工作添砖加瓦。服务群众,回报社会,是她的人生信条,她要给吸毒人员带去应有的人文关怀,要把他们带到阳光下,帮助他们找到生活的希望。

一、案例内容

何海丽,天等县东平镇东平社区人,现在东平镇人民政府从事禁毒社工工作。何海丽家中7口人,爷爷奶奶均为残疾人,无劳动力,家中3个孩子正在读书,父亲母亲因照顾老人和孩子无法外出务工,只能在家从事农活,家庭收入来源少,开支大,一家人过着节衣缩食的生活。2013年底,根据国家政策,何海丽一家因学被识别为东平社区建档立卡贫困户。

自2015年开展脱贫攻坚帮扶工作以来,根据政策要求,东平镇人民政府给何海丽家安排了帮扶责任人,根据何海丽的家庭情况制订帮扶计划并落实帮扶政策。何海丽家的生活条件发生很大变化,通过政策帮扶,家中老年残疾人得到了残疾补贴,3个学生读书也获得了不同教育阶段对应的教育补贴,极大减轻了家庭负担。家庭生活的变化和帮扶责任人鼓励学习改变生活的观念激励何海丽不断学习。2018 年,何海丽以优异的成绩考上广西幼儿师范高等专科学校,在校期间,帮扶责任人积极协助何海丽申请"雨露计划",第一时间协助其完善申请材料并提交上报,及时将"雨露计划"补助发放到户,切实缓解了家庭教育经费压力。2019 年,根据国家政策要求,经过东平社区工作队、帮扶责任人"双认定"后,何海丽一家顺利实现脱贫。虽然家庭达到脱贫标准,但脱贫不脱政策,何海丽一直享受"雨露计划"补助直到 2021 年毕业。"雨露计划"有效巩固了何海丽一家的脱贫成果,激励了何海丽努力学习文化知识回报社会的前进动力。

毕业后,何海丽带着回报社会和建设家乡的工作热情回到家乡东平镇人民政府工作。2021 年 8 月何海丽来到东平镇人民政府担任社区禁毒社工,刚到社区工作站时,东平镇的禁毒形势还较为严峻,登记在册的吸毒人数较多且登记信息滞后。当时,家人朋友对何海丽的工作也不大理解,且不说忙累,整天跟吸毒的人打交道,还有一定风险,家人都劝她放弃。何海丽也坦言,起初自己也有过犹豫和担心,吸毒人员对她一个刚毕业大学生来说是一个相对陌生的群体,平时都只是耳闻,却没有真正见过,有太多的未知等着她去面对。但她转念一想,工作是自己选的,绝不能不努力试试就打退堂鼓。就这样,何海丽一头扎进社区禁毒工作中,学习工作业务知识,学习基层一线工作方法。两年多来,何海丽走遍了东平镇的每一个角落,通过查户籍、找线索,摸清了辖区在册吸毒人员的基本信息和家庭情况。通过电话、QQ、微信朋友圈、吸毒人员家属等信息渠道,累计共完成 84 人次档案归档,开展细致帮教服务。禁毒重在预防,何海丽累计参与 24 次禁毒宣传活动,累计发放 2 400 余张禁毒知识宣传单,张贴各式各类海报 64 张,形成良好的社会禁毒氛围。

对于许多吸毒人员来说,最绝望的并不是毒瘾或疾病,而是家人、朋友、社会的拒绝和放弃。在帮助戒毒人员生理脱毒的同时,更要帮助他们戒除心瘾,其中,家庭支持、社会帮扶等都不可或缺。"家里人不管我了……"这是何海丽在与戒毒人员交流时,经常听到的话,言语中常伴随着颓废和无助。在何海丽看来,戒毒不能只是戒毒人员自己在战斗;禁毒,更不能只有公安机关的打击处理,需要全社会一起参与,去关注关爱这个群体。"不能让已经染毒的人更好地回归社会,就不能更好地控制毒品的蔓延,会让更多无知无畏者以身试毒。"何海丽说。

禁毒工作不总是那么顺利,也会遭遇冷言冷语或遇到戒毒人员及家属不配合的情况。有的戒毒人员颓废地认为自己就是戒不掉的,一些家属干脆就对任何问题都回答"不知道",不想再管。对于禁毒社工的来访,有的戒毒人员家属顾虑重重,觉得家里有个吸毒人员本来就不是一件光彩的事情,再有人隔三岔五来家里做工作,更容易引来周围人异样的眼光,影响他们的生活。

工作两年多来,何海丽接触了近百名吸毒人员,染毒原因也不尽相同。有的是因为不知道毒品的危害,有的是受了他人的蒙骗才吸食毒品的。但没有谁在染上毒瘾后不后悔、不想摆脱毒品的魔爪、不渴望回到正常生活的。在何海丽看来,对吸毒人员的帮教和管理,不是把他们与正常人、正常社会隔离开来,而是要把他们带到阳光下,帮助他们找到生活的希望。"社区禁毒工作不能一蹴而就,戒毒人员需要我们给他们带去温暖和希望,要让他们从心底信任我们。"何海丽对未来的工作越来越有信心了。在看似不起波澜的日复一日里默默耕耘,她耐心地等待属于每一个戒毒人员的花开。

图1 何海丽深入田间地头宣传禁毒知识

图 2　何海丽入户走访开展管教帮扶工作

二、经验体会

"雨露计划"的温暖帮助何海丽成长为优秀的社会工作者，不仅增加了家庭收入，还带着温暖和希望照耀社会。"新竹高于旧竹枝，全凭老干为扶持"，"雨露计划"带给贫困学子新的希望，贫困学子回报社新的未来。